Osez Montréal!

Iulia Sofian

Osez Montréal !

Préparez-vous à réussir !

La recherche, le processus, le grand tableau,
par des témoignages inspirants des gens
qui aiment redonner

Iulia Sofian

www.kdp.amazon.com

Dépôt légal – Bibliothèque et Archives Canada, 2018
Dépôt légal – Bibliothèque et Archives nationales du Québec, 2018
ISBN-13: 978-1548870751   ISBN-10: 1548870757
www.kdp.amazon.com

Avec amour et reconnaissance,
je dédie ce livre

à mes professeurs (d'ici et d'ailleurs) qui m'ont transmis l'amour de
l'humain, l'amour des mots, la rigueur et la curiosité ;

à ma famille, qui me soutient et qui m'encourage ;

à mes ami(e)s, qui m'aiment telle que je suis ;

à vous, qui avez cru en moi et qui continuez de le faire en participant
à ce projet et

à vous, qui êtes en train de lire ce livre
sur le bonheur de vivre.

« Prends ton passé, vis ton présent, crée ton futur. »

Jean — Guy Leboeuf,
auteur québécois (1931 — 2010)

« Tu n'es plus une immigrante, tu es canadienne maintenant ! Regarde-toi ! Tu brilles ! Tu as réussi ! Tu es allée à l'Université, tu as terminé ta deuxième maîtrise, tu es en train d'aider les autres ! » — Micheline Healy, coach d'affaires et responsable de stage et du placement au Collège O'Sullivan de Montréal (2016)

Qu'est-ce que réussir son intégration, au juste ?!

Sommaire

Osez ! Erdogdu, Rahsan (Turquie), pharmacienne propriétaire associée — pharmacies Jean-Coutu (p.84)

Il n'y a pas de hasard. Gutierrez, Sergio (Chili), artiste en arts visuels et fondateur de l'Association des Artistes en Arts Visuels du Nord de Montréal (p.90)

Nous nous sommes perdus de vue pendant 22 ans... Hazine-Poisson, Lori (France), comédienne, metteure en scène et artiste en arts visuels, fondatrice de la compagnie de théâtre Effet V
et
Letendre, Richard (Québec), comédien et auteur de la pièce de théâtre *Qui est ce Ionesco ?* (p.111)

J'ai commencé à travailler trois mois après mon arrivée à Montréal. Lounaci, Kamal (Algérie), bibliothécaire spécialiste en métadonnées à Bibliothèque et Archives nationales du Québec (p.139)

Dans le fond, une bibliothèque c'est une continuité de l'enseignement. Mazouni, Samira (Algérie), aide-bibliothécaire pour le Réseau des bibliothèques publiques de la Ville de Montréal (p. 148)

(...) la méconnaissance de l'autre qui pousse cette crainte de l'étranger. Toubal, Abdelnasser (Algérie), courtier immobilier chez Plexagone (p.154)

Ici, on rencontre des gens de toutes les nationalités, de différentes cultures, c'est une richesse ! Villasenor, Felicitas (Mexique), technicienne en laboratoire et fondatrice de la compagnie de danse XCaret (p.163)

Suggestions de lecture (p.169)

Préface

Le sens des mots « inclusion », « diversité » et « intégration » s'est grandement transformé au sein d'un monde où les barrières entre les pays sont de plus en plus floues et où la mondialisation est désormais chose du commun. Maintenant, on « réussit une intégration » et on « fait preuve d'inclusion » en « diversifiant sa main-d'œuvre ». Les mouvements de population se sont accentués et la présence de *l'autre* s'est démarquée et est davantage soulignée. Les médias sociaux ont aussi participé à la construction de l'idée que l'on peut se faire de l'étranger avec la possibilité pour tous de relayer des nouvelles qui ne sont souvent pas vérifiées (les « fake news ») ou simplement mensongères. Largement galvaudés et utilisés *ad nauseam* par les médias, les principes et processus liés à l'immigration ont empiété ou plutôt, on fait de l'ombre, aux réalités que ces mouvements impliquent. Parce que derrière ceux-ci, il y a des personnes de chair et de sang qui tendent la main vers une culture qui leur est pour la plupart inconnue, parfois par choix, parfois par obligation. Elles sont parachutées dans un autre monde et tentent de le comprendre. Certes, à première vue, un sentiment de peur pourrait nous envahir, parce qu'il est vrai que l'inconnu terrifie. Nous avons peur de l'étranger, peur de nous retrouver dans un milieu que l'on ne connaît pas, de côtoyer des gens qui ne nous ressemblent pas ou qui ne pensent pas comme nous. Mais la peur qui semble gagner le plus de terrain en ce moment est bien celle de ne plus se sentir *chez nous*. Une expression étrange, car en dépit de notre couleur de peau, de cheveux, d'yeux, de capacité physique ou de langue, les mêmes besoins subsistent, ceux d'être aimé et d'être respecté en tout premier lieu, et ce, peu importe où nous nous trouvons.

L'apport de l'autre ne se fait pas au détriment de la culture ou l'identité de la société d'accueil, bien au contraire, elle est un ajout à celle-ci. Nous ne pouvons faire fi de la richesse du partage et la différence devrait être célébrée au lieu d'être décriée. Être entouré de gens similaires aux idées et aux goûts semblables ne ressemble en rien à l'idéal que je me fais de mon *chez-moi*.

Les messages de tolérance ne sont pas aussi nombreux qu'ils devraient être sur la place publique afin de rappeler que l'acceptation est un des concepts essentiels à l'harmonie, à la paix et à la bonne entente. À chaque fois que je prends la parole en public, je ne me lasse pas de les promouvoir et de les mettre de l'avant. Je répète encore et encore les valeurs d'ouverture qui ont guidé ma vie dès le tout début en tant qu'immigrante, d'allophone, d'avocate, de politicienne, mais aussi de femme. À titre de députée, j'ai toujours défendu ses principes dans mon travail législatif et tout particulièrement dans mon travail de terrain, près des citoyennes et des citoyens de Montréal-Nord. C'est un honneur pour moi de pouvoir laisser une marque, de sensibiliser les gens qui m'entourent et que j'ai la chance de rencontrer dans le cadre de mon travail à des réalités avec lesquelles ils ne sont pas toujours familiers, arrivés de l'extérieur, étant de deuxième génération ou même étant des Québécois ou des Québécoises que l'on qualifie de « souche ».

À partir de là, je pense que tous ont leur bout de chemin à parcourir et ont des positions à prendre. Nous ne pouvons rester passifs devant la peur ou l'ignorance. C'est ensemble que nous pourrons faire une différence et lutter contre les préjugés. C'est ensemble que nous pourrons changer les mentalités et atténuer cette crainte de l'autre qui nous tenaille tous un jour ou l'autre. Il ne faut pas blâmer cette peur, il faut bien au contraire la rassurer, comme on rassure un enfant qui refuse de saluer une personne dont il ne reconnaît pas le visage.

Boucar Diouf, lui-même d'origine sénégalaise, a écrit: « Mon grand-père disait: "S'intégrer à une nouvelle culture, c'est comme lire un livre plusieurs fois. La première lecture, généralement, c'est pour se familiariser avec les personnages. À la deuxième lecture, on s'intéresse davantage à l'histoire. Mais après la troisième lecture, si on arrive à raconter cette histoire avec passion, c'est qu'elle est aussi devenue la nôtre et les personnages, des membres de notre propre famille." » Il a aussi dit : « Pour transformer une simple cohabitation en une vraie complicité, il faut du temps et une sincère et réelle volonté de part et d'autre ».

Oui, il faut du temps. Je suis arrivée au Québec à l'âge de 4 ans – mais c'est à l'âge de 41 ans, un après-midi, en marchant à travers le campus de l'université McGill que j'ai finalement dit, tout en le croyant, « I belong ». J'ai regardé autours de moi, avec des larmes aux yeux, et j'ai ressenti très fort, dans mon âme, que finalement, ici c'est mon *chez-moi*.

Ce livre dont je signe la préface est empreint d'humanité, de réflexions et de calme. Je salue le travail de l'auteure, Iulia Sofian, une femme brillante et généreuse qui est venue me trouver, la tête pleine de projets. Bon succès et surtout, continuez votre travail d'approfondissement du genre humain sur des concepts très actuels, mais aussi très incompris.

Rita Lc de Santis,
Députée provinciale de Bourassa-Sauvé,
Présidente de la Commission de la culture et de l'éducation,
Montréal, 2018

Mot de l'auteure

> ''I believe the most useful knowledge
> about human behaviour
> is based on people's lived experiences.'',
> Brené Brown, Ph.D, LMSW,
> *Rising Strong,* 2015

Si vous tenez ce livre entre vos mains, ce n'est pas un simple hasard. Cela démontre votre intérêt pour le changement, pour l'actualité, pour la vie.

Ici ou ailleurs, vivre, c'est naturel. Nous ne choisissons pas de naître, mais, avec un peu de chance, nous pouvons choisir où vivre. Dans certains cas, nous n'avons pas le choix : vivre ailleurs, c'est une nécessité.

Ce livre parle de la réussite de l'intégration. Toutefois, plus vous avancez dans la lecture, plus vous allez découvrir des points communs avec vos propres vies, même si vous n'avez jamais vécu dans un autre pays. Après tout, s'adapter au changement fait partie du quotidien de tous.

Dans chaque pays, dans chaque société, il existe des traditions, des lois, créées et respectées par l'humain. Lors d'un si grand changement que l'immigration, nous devons apprendre et grandir avec des façons de faire auxquelles nous ne sommes pas habitués.

Cela peut créer beaucoup de stress, la peur de l'inconnu, la résistance au changement. Cela vous semble connu?! Parfois, on l'appelle un choc culturel. Une société organisée différemment est devant nous. Avons-nous accès à l'information qui va nous aider à mieux saisir cette nouvelle réalité ? Avons-nous les ressources nécessaires ? Savons-nous par où commencer ? Autrement dit, avons-nous eu le temps ou les moyens de tout planifier ? Peu importe la situation, l'arrivée dans un nouveau pays demande toujours du temps d'intégration. Pour chaque personne, en fonction de son bagage culturel, émotionnel, académique, social, économique, l'intégration se passe différemment. Après tout, nous sommes tous des personnes uniques. Et c'est tant mieux! C'est justement la beauté de l'humain et la richesse du multiculturalisme !

Et, si nous sommes à Montréal, les études l'ont déjà démontré, nous sommes dans une des plus accueillantes villes au monde ! Bienvenue à Montréal !

Ce livre fait partie d'un projet dont le but est d'aider les gens à réussir. L'accès à l'information représente une priorité dans ce processus. Connaître leurs droits et leurs responsabilités, c'est primordial. La transparence, l'ouverture, les relations interpersonnelles, l'accueil font partie des éléments clés de la réussite.

Vous avez, entre vos mains, la générosité des gens qui vivent pour redonner. Vous avez, entre vos mains, des morceaux de leurs vies. De la vie de ces gens qui participent au rayonnement de la société.

Ils ont accepté de partager leurs expériences afin d'aider, d'inspirer, de motiver d'autres à ne jamais oublier qu'ils sont uniques, que la vie leur appartient et que Montréal les a accueillis parce qu'elle leur fait confiance. Montréal aussi est une ville unique ! Ne dit-on pas que ce sont les gens qui rendent les lieux uniques ?

Montréal est unique non seulement par son multiculturalisme, par son ouverture vers le monde, mais également par son accueil, ses services, ses ressources mises en place, développées par les Montréalais pour les Montréalais.

Mais qui sont ces Montréalais ? Vous et moi. Ces gens qui travaillent, qui aiment, qui s'amusent, qui partagent, qui pleurent, qui rient, qui se marient, qui divorcent, qui créent, qui dansent, qui lisent, qui rêvent, qui essaient, qui échouent, qui continuent, qui réussissent ICI.

Depuis mon arrivée à Montréal, j'ai eu le plaisir de rencontrer des gens merveilleux qui m'ont enrichie professionnellement et émotionnellement. J'ai rencontré des gens qui font maintenant partie de ma vie. À tous, je vous dis : Merci !

J'ai appris qu'il faut dire Merci avant qu'il ne soit trop tard et je l'ai fait ! Et j'aime croire que je l'ai dit au bon moment. Mais je n'hésite jamais à le redire.

Merci encore à vous tous qui avez donné de vous-même.
Merci d'avoir su partager afin que je puisse le faire à mon tour.
Merci à vous qui êtes en train de lire sur un sujet aussi important que la réussite.

Pendant ces dix dernières années, j'ai aussi croisé, parfois juste pour quelques instants, des gens qui avaient beaucoup de difficulté à trouver leurs repères, des gens qui manquaient de confiance en eux, même s'ils avaient une expérience professionnelle impressionnante, des gens qui ne savaient pas comment accéder aux ressources qui auraient pu les aider à mieux avancer.

La plupart du temps, nous avons tendance à croire que trouver un emploi, c'est tout ce qu'il faut pour bien s'intégrer. La stabilité financière est très importante, mais elle n'est pas la source du bonheur.

Un emploi ne veut pas nécessairement dire une carrière, ne veut pas nécessairement dire épanouissement professionnel.

L'épanouissement professionnel peut attirer une meilleure estime de soi, faciliter l'intégration sociale, une volonté d'aller à la rencontre de l'autre, donc, une facilité de créer des liens pour, éventuellement, ne plus être ou se sentir isolé. Ceci n'est qu'une des hypothèses possibles.

Les entrevues recueillies vont mettre en lumière certains défis de l'intégration, mais aussi quelques pistes de solutions.

En espérant que vous allez tirer profit de ces expériences inspirantes et, peut-être, vous allez, vous-même, inspirer d'autres personnes à votre tour, je vous souhaite une bonne lecture et je vous invite à me suivre, pour la suite du projet.

N'hésitez pas à me contacter si vous avez envie de partager votre propre histoire inspirante, si vous voulez faire un commentaire sur ce projet (j'apprécie toujours un point de vue différent du mien ☺) ou si vous avez d'autres idées de collaboration : iulia.sofian@yahoo.co.uk.

Iulia Sofian,
Montréal, 2018

L'intégration, telle que définie…

Le ministère des communautés culturelles et de l'immigration, dans le document *L'intégration des immigrants et des Québécois des communautés culturelles : document de réflexion et d'orientation* (1990, p.3 dans Barrette, 1996, p.44), définissait l'intégration comme « processus d'adaptation à long terme, multidimensionnel et distinct de l'assimilation. Ce processus, dans lequel la maîtrise de la langue d'accueil joue un rôle moteur essentiel, n'est achevé que lorsque l'immigrant ou ses descendants participent pleinement à l'ensemble de la vie collective de la société d'accueil et ont développé un sentiment d'appartenance à son égard. »

Dans la *Politique québécoise en matière d'immigration, de participation et d'inclusion* « Ensemble, nous sommes le Québec » (2015) on peut lire : « *La pleine participation des personnes de toutes origines, en conformité avec les valeurs démocratiques, est un droit et une responsabilité.* Toutes les personnes immigrantes ont à entreprendre un processus d'intégration qui requiert un engagement et une volonté d'acquérir les connaissances nécessaires pour participer pleinement à la vie collective. Certaines personnes auront une intégration plus difficile que d'autres.

L'intégration se veut avant tout un moment transitoire qui commande un haut degré d'apprentissage et d'adaptation. L'engagement des personnes immigrantes est indissociable de celui de la société dans son ensemble, qui s'inscrit aussi dans un processus d'adaptation face à la diversification ethnoculturelle de sa population et qui doit offrir aux personnes immigrantes les conditions nécessaires au succès de leur intégration ainsi qu'un accès équitable aux ressources collectives. L'engagement partagé de la société et des personnes immigrantes favorise la pleine participation de ces dernières. » (p.9)

Sources :

- Barrette, Christian, Gaudet, Édithe et Lemay, Denyse. (1996). *Guide de communication interculturelle.* Montréal : Éditions du renouveau pédagogique.
- Immigration, Diversité et Inclusion Québec. 2016. Politique de participation et d'inclusion « Ensemble, nous sommes le Québec » <http://www.midi.gouv.qc.ca/publications/fr/dossiers/Politique_ImmigrationParticipationInclusion.pdf > (consultée le 05 février 2017)

Montréal et le défi de l'intégration

Conformément au dernier *Bilan démographique* réalisé par l'Institut de la Statistique Québec, Montréal reste la ville québécoise qui accueille le plus grand nombre d'immigrants : 62 % des immigrants accueillis entre 2011 et 2014 y résidaient toujours en janvier 2016. (L'Institut de la Statistique Québec, 23 janvier 2017)

Selon *l'Enquête nationale auprès des ménages (ENM)* réalisée en 2011, Montréal comptait 846 600 immigrants, soit 12,5 % de tous les immigrants du pays et 22,6 % de la population totale de Montréal. Environ 189 700 nouveaux arrivants se sont établis à Montréal, soit 16,3 % du total du pays, ce qui représente 5,1 % de la population totale de Montréal. (Statistiques Canada, 23 janvier 2017)

Le portrait de l'immigration de la région de Montréal réalisé par Immigration, Inclusion et Diversité Québec montre un Montréal cosmopolite. Ainsi, les principaux lieux de naissance de la population immigrée sont : l'Europe (37 %), l'Asie (29,5 %), l'Amérique (21 %) et l'Afrique (12,4 %). (Immigration, Diversité et Inclusion Québec, 24 janvier 2017)

En décembre 2016, l'Institut du Québec, en collaboration avec la Chambre de Commerce du Montréal Métropolitain et Montréal International, publie le rapport de l'étude *Plus diplômés, mais sans emploi. Comparer Montréal : le paradoxe de l'immigration montréalaise,* un rapport de 70 pages, dans lequel on souligne, entre autres, un retard marqué de Montréal en matière d'intégration (p.38), pour conclure avec huit propositions pour une meilleure intégration (p. 60). Je vous invite à le consulter. (Institut du Québec, 24 janvier 2017)

L'intégration nous concerne tous : vous et moi, le milieu des affaires, la santé, la recherche, l'enseignement, la culture, les arts, les villes et les villages, la métropole, la province, le pays, le monde entier.

Une raison assez importante pour vous encourager à poursuivre la lecture, à vous informer, à aller chercher les ressources dont vous avez besoin pour continuer et pour contribuer au changement !

Sources :

- Immigration, Diversité et Inclusion Québec. *<https://services.immigration-quebec.gouv.qc.ca/fr/region/montreal.html#portrait> (consultée le 24 janvier 2017)*
- Institut du Québec. *Plus diplômés, mais sans emploi. Comparer Montréal : le paradoxe de l'immigration montréalaise<http://www.institutduquebec.ca/docs/default-source/recherche/8447_plusdiplomes_idq-rpt_fr.pdf?sfvrsn=2> (consultée le 24 janvier 2017)*
- Statistiques Canada. *<https://www12.statcan.gc.ca/nhs-enm/2011/as-sa/99-010-x/99-010-x2011001-fra.cfm > (consultée le 23 janvier 2017)*
- L'Institut de la Statistique du Québec. *<http://www.stat.gouv.qc.ca/statistiques/population-demographie/bilan2016.pdf> (consultée le 23 janvier 2017)*

Haiti. Faits saillants
(données 2011)

Taille de la communauté :
119 185 personnes
Localisation :
93,6 % - dans la région métropolitaine de recensement de Montréal.
62,6 % - la région administrative de Montréal,
15,3 % - la région administrative de Laval,
8,2 % - celle de la Montérégie et
6,6 % - la région de Lanaudière.
À Montréal :
21,1 % — Montréal-Nord
17,1 % — Villeray-Saint-Michel-Parc-Extension
16,2 % — Rivière-des-Prairies–Pointe-aux-Trembles
Profil linguistique :
98,1 % francophones
55,6 % français seulement
42,6 % français et anglais
Profil socio-économique :
58 780 personnes — population active
59 % taux d'emploi, semblable à celui de la population québécoise
(59,9 %)
12,6 % taux de chômage, plus élevé que celui de la population
québécoise (7,2 %)
27 495 $ revenu moyen, inférieur à celui de l'ensemble de la
population du Québec (36 352 $)

Source : Immigration, Diversité et Inclusion Québec. *Portrait
statistique de la population d'origine ethnique haïtienne recensée au
Québec en 2011
<http://www.quebecinterculturel.gouv.qc.ca/publications/fr/diversite
-ethnoculturelle/com-haitienne-2011.pdf> (consultée le 24 janvier
2017)*

Guillaume André, enseignant et fondateur du Centre communautaire multi-ethnique de Montréal-Nord (1987), à Montréal depuis 1975

Immigrant faisant partie de la deuxième vague d'immigration au Canada, sous le régime Duvalier, au milieu des années » 70.

☐ Le régime Duvalier :

o 1957-1971 François
Duvalier, suivi de son
fils, Jean-Claude
Duvalier jusqu'en 1986

« Bien commencer pour bien finir. »

J'ai rencontré monsieur Guillaume André, pour la première fois, au Centre communautaire multi-ethnique de Montréal-Nord, lors d'une soirée des bénévoles.

Cinq ans plus tard, il accepte ma proposition d'être le premier interviewé d'une série de personnes immigrantes qui ont réussi leur intégration.
Je lui explique mes intentions et il me demande de revenir le jour même de la réunion du Conseil d'administration, l'occasion pour moi de faire la connaissance de ces personnes qui font vivre le Centre communautaire, qui sont le cœur de sa mission : l'intégration des immigrants.

Comme promis, je me présente le lundi, 17 août 2015, à son bureau et nous commençons notre entrevue, qui devient vite un témoignage.

Monsieur André nous parle ouvertement de sa carrière, de l'intégration, des difficultés rencontrées et surtout des solutions.

Originaire d'Haïti, Guillaume André vit au Canada, Québec et, plus précisément, à Montréal-Nord, depuis plus de 40 ans.

Formation et connaissance de plusieurs langues — des ponts pour une bonne communication

Il arrive à Montréal en 1975, avec une formation et une expérience en enseignement des langues. Avec des études universitaires à l'Université d'État d'Haïti, à la Faculté des lettres et de pédagogie, langues et littératures : français, anglais, espagnol, il a enseigné l'espagnol et l'anglais en Haïti entre 1971 et 1975. Ses diplômes sont reconnus au Québec et il commence à enseigner l'anglais à Montréal en 1978. Toutefois, pour obtenir le brevet d'enseignement, il a fallu compléter une formation à l'UQAM et Concordia University en 1981. Depuis, il a enseigné également le français. Monsieur André est maintenant professeur retraité de l'école secondaire Jeanne-Mance, à Montréal, après douze ans de service continu.

Son parcours professionnel est aussi relié aux soins infirmiers, car il a travaillé, pendant 26 ans, à l'Hôpital Notre-Dame-de-la-Merci. Le jour il enseignait, le soir ou la nuit, il s'occupait des personnes en soins prolongés à l'hôpital.

Implication dans la vie communautaire et la communication interculturelle

À partir de 1983, quand il participe à la Table de concertation de la Ville de Montréal-Nord (à l'époque, Montréal-Nord était une ville et elle est devenue arrondissement après les fusions des villes, suite au Projet de loi 170 dans les années 2000), il s'implique dans un projet de création d'un centre communautaire.

Avec la participation des représentants d'Italie, d'Argentine, du Burundi et du Québec, il met les bases du Centre communautaire multi-ethnique de Montréal-Nord, qui a comme mission l'intégration des nouveaux arrivants.

Le Centre commence ses activités, mais il est enregistré quatre ans plus tard, en 1987.

De son expérience dans le milieu communautaire en Haïti, qui lui a été très utile à son arrivée à Montréal, monsieur André parle avec grand plaisir. Il a commencé à l'âge de 8 ans, en troisième année du primaire (normalement, il aurait été en deuxième, mais suite aux examens de niveau, avec 5 autres collègues, il est passé directement en troisième année).

Il nous raconte qu'à son école, qui était située dans une petite commune (village), il y avait des élèves qui venaient des régions éloignées, une heure à une heure et demie de marche, qui partaient le matin à 6 h pour revenir chez eux vers 6 h -7 h du soir. Ces enfants commençaient à avoir des problèmes, car « Le ventre affamé n'a pas d'oreilles. » Avec l'accord du directeur de son école, il commence une action de financement d'une cantine. Ils proposent aux parents une contribution de 2 sous par mois. Le rôle du petit Guillaume était celui du trésorier, autrement dit, de faire un suivi avec les parents concernant leur contribution. Avec cette contribution, non seulement ils étaient en mesure d'offrir un repas aux enfants, mais les enfants de la commune, qui ne faisaient pas partie des familles riches, pouvaient en profiter. Avec les 2 sous et ce que l'école recevait d'autres sources, comme du blé, de l'huile, le projet est devenu réalité. De plus, avec le peu que l'école ramassait, on aidait les élèves qui manquaient de chaussures, de cahiers ou même d'uniformes (pantalon, chemise, cravate) pour aller à l'école ou à l'église le dimanche.

Quand il y avait un surplus, à la fin de l'année scolaire, une sortie culturelle était organisée pour visiter des sites historiques d'Haïti. Cette expérience a duré tout le cycle du primaire.

Une expérience inspirante même pour une société développée du point de vue économique !

Trouver des solutions

En 1977, monsieur André est membre d'un organisme de la communauté haïtienne de Montréal (Multi-Aide Haïtien). Il nous mentionne que, dans les années '80, il y avait beaucoup de discrimination des minorités, surtout les haïtiens, les noirs. La situation était si grave que, si un noir voulait louer un logement, on lui demandait de remplir un formulaire, mais on ne le contactait jamais ou on lui demandait le double du prix du marché, pour qu'il lui soit impossible de le payer. Sur ce fond, les membres de la communauté haïtienne fondent un organisme, nommé Logis-Fraternité, situé au 6431 et 6441 de la rue Dagenais à Montréal-Nord (coin boulevard Langelier), avec 15 logements.

En 1988, on crée une Coopérative d'habitation, avec 32 logements, qui existe encore, à Rivière-des-Prairies, avec un budget de 3 millions. Des familles de différents groupes ethniques habitent maintenant les 32 appartements : haïtien, latino-américain, québécois, africain. L'organisme est devenu autonome, ce qui signifie qu'il est en mesure de s'autogérer.

En 1989, le Centre communautaire multiethnique de Montréal-Nord, suite à une rencontre avec des représentants du Ministère de l'immigration et communautés culturelles, obtient l'accord pour donner des cours de français aux nouveaux arrivants. Monsieur André nous parle des difficultés rencontrées, il fallait trouver des professeurs de français, les payer et le remboursement se faisait à la fin de l'étape.
Mais il a continué et cette démarche permet encore aujourd'hui d'offrir des cours de francisation aux nouveaux arrivants.

Et encore… des solutions

Après avoir parlé de sa formation, de sa carrière, monsieur André nous fait une confession du fond du cœur : « La vie n'était pas rose quand je suis rentré, mais j'ai été chanceux, j'avais ma sœur, qui habitait Montréal-Nord, rue Dijon. Elle est venue ici en 1970, en passant par le Nouveau-Brunswick. » Sa sœur fait la demande pour Guillaume. Il ne voulait pas vraiment venir ici, car il était très bien en Haïti, il avait commencé sa carrière en enseignement et il n'y avait pas d'hiver en Haïti. C'est le système Duvalier qui l'a convaincu.

Tout cela pour dire qu'il accepte difficilement l'hiver au Québec. En 1977, il part en Europe, parce qu'en hiver il devenait nostalgique. Ce n'était pas la neige qui lui faisait du mal, mais le froid. Il est parti en juin et revenu en septembre. Une fois revenu de l'Europe, il fait les démarches pour retourner en Haïti.

À Montréal, il avait commencé des cours en gestion (gestion des organisations, gestion internationale, comptabilité) à l'UQAM (un programme de baccalauréat jamais terminé), car son rêve était de retourner en Haïti et de fonder sa propre école.

Il est retourné en Haïti, avec les quelques cours de gestion suivis, un rêve en tête et un bon emploi au gouvernement. Sauf que, pendant qu'il était à Montréal, il avait fait une demande de parrainage pour les autres membres de sa famille, qui, une fois arrivés au Canada, dépendaient de lui : des parents retraités et 4 frères et sœurs.
Il fallait prendre une décision encore une fois.

La prise de décisions

En 1978, Guillaume André et sa famille arrivent à Montréal pour s'y installer définitivement. Il reste à régler le problème du froid. Il fallait trouver une solution. En regardant à la télé les gens faisant du ski à -20, -25 °C, il se demandait comment ils faisaient par un temps si froid. Et il me parle des idées préconçues qui ne nous laissent pas avancer.

« Avant d'accepter une idée, il faut la vérifier. », me dit-il. Alors, il décide de louer un chalet à Sainte-Agathe-du-Mont, à -29 °C, par une tempête de neige. « J'aime la neige, mais je ne pouvais pas tolérer le froid. » — avoue-t-il encore une fois. Pour ajouter de l'humour, il me dit que, par mesure de sécurité, il avait acheté des petites bouteilles de Sambuca (boisson alcoolisée), juste pour avoir de quoi se réchauffer. Pour nous donner une idée sur le coût de la vie en 1978, il nous mentionne le prix pour louer l'équipement de ski : 5 $. N'ayant aucune notion du ski de fond, il s'avance et, en voyant qu'il tombe régulièrement, une gentille skieuse lui fait la remarque qu'il faut faire du chasse-neige, à laquelle, le jeune Guillaume répond : « Ça mange quoi en hiver, madame ? ☺ » Après cette expérience, il se rend compte que, pour combattre le froid, il n'a plus besoin de Sambuca.
À chaque problème, sa solution.

Le regard des autres et nos actions

Sur l'intégration : « Il y a des gens qui disent : les Québécois sont racistes. Les Québécois ne sont pas racistes, ils sont xénophobes pour la plupart. Il y a une différence entre être raciste et xénophobe. La xénophobie, c'est la peur de ce qui est étranger.

Quand le Québécois commence à vous connaître, c'est un peuple très accueillant, familier, ce que j'ai découvert. Les gens pensent que l'intégration c'est une route à sens unique, mais c'est une circulation à deux voies.

L'immigrant a sa part à faire et la société d'accueil a aussi sa part à faire. Quand vous êtes immigrant, c'était ma conception et ma façon de voir les choses, la place dans une société, c'est vous qui la prenez. Je dis : l'intégration c'est comme le pouvoir : ça ne se donne pas, ça se prend.

N'attendez pas que les gens viennent vous chercher, vous devez prendre votre place dans une société. La personne ne vous connaît même pas. Comme maintenant, que vous êtes devant moi, vous êtes venue me dire qui vous êtes, quand je connais tout cela, c'est moi qui viens vous chercher pour que vous fassiez partie de notre groupe.

Donc, l'intégration, c'est prendre votre place, ne laissez jamais personne marcher sur vos pieds. J'ai 40 ans au Québec, j'ai pris ma place, je n'ai jamais demandé quoi que ce soit à personne. En politique, le pouvoir, ça se prend, ça ne se donne pas, il faut se battre pour le pouvoir. L'intégration, c'est la même chose.

Il y a des gens qui restent chez eux et qui veulent vivre comme dans leur pays d'origine. Ça ne se fait pas. Même pour les Québécois, les canadiens, vous arrivez chez nous, vous voulez vivre comme chez vous. C'est impossible ça. Il faut respecter la personne qui vous êtes, il faut respecter les autres, aussi. Ils ont des lois, ils ont des règles à respecter.

Il ne faut pas manger tout le temps des mets haïtiens, il faut manger des mets québécois, aussi. Il faut participer ! »

Le savoir-vivre ou les rituels de l'interaction

« Mes enfants étaient à l'école Jules Verne, les enseignants étaient uniquement des Québécois, mais 25 % des élèves étaient des Haïtiens. Il n'y avait aucun professeur haïtien. Alors, les professeurs avaient des problèmes avec les parents haïtiens.

Le psychopédagogue était haïtien. Nous avons organisé une rencontre avec les professeurs et la direction suite à une demande de la direction ; j'étais alors le président du comité d'école. Ma sœur a préparé des petites bouchées haïtiennes, des petits gâteaux comme des muffins. Le psychopédagogue a parlé de la famille haïtienne, des us et coutumes, par exemple, un enfant doit attendre que l'adulte lui tende la main pour le saluer.

Chez nous, l'enfant ne regarde pas l'adulte dans les yeux, quand on lui parle, tandis qu'au Québec c'est l'inverse. Alors, les deux groupes se sont compris à partir de ce moment. À la fin de l'exposé, tous les professeurs ont goûté les petits plats haïtiens. Ils ont tellement aimé, qu'ils ont demandé s'ils pouvaient apporter à la maison. C'est ça les stéréotypes ! Les idées préconçues qu'il faut vérifier avant de les appliquer. »

Une bonne raison pour rester ouvert à l'apprentissage des rituels des interactions des groupes multiculturels !

L'ouverture d'esprit, la communication et les opportunités

« L'intégration, c'est ça : premièrement, vous avez une place à prendre dans la société, vous prenez votre place ; aussi, respecter l'autre; en même temps, essayer de participer ; les gens sont plus ouverts quand ils voient que vous connaissez leur langue; quand vous parlez avec eux, c'est très important de connaître la langue et de communiquer.

J'ai vécu une expérience pendant que je travaillais à l'hôpital Notre-Dame de la Merci : j'étais à une réunion syndicale, il y avait des postes vacants et, à la fin de la rencontre, je suis allé voir la présidente pour lui demander si je pouvais faire partie du conseil d'administration. Elle a été positivement surprise et a mentionné qu'il y avait 2 postes vacants. Je lui ai dit que j'allais prendre les deux. Un an plus tard, j'étais le secrétaire général du syndicat.

La CSN (Confédération des syndicats nationaux) cherchait des gens et, par entente avec l'hôpital, je suis allé travailler pour eux. J'ai suivi une formation à la CSN. Alors, c'est comme ça. Il faut prendre sa place. »

L'attitude face aux différences

« Le racisme existe partout, chez les noirs, chez les Roumains, etc., le racisme, c'est une question d'ignorance, de manque d'éducation. Point final. Parce que nous sommes tous des êtres humains, nous sommes tous des frères et sœurs. La couleur de la peau ou la langue, ça n'a rien à voir. Si on essaie de nous comparer, nous allons remarquer qu'on a plus de choses communes que des différences.

Considérant la pyramide des besoins de Maslow, au premier niveau, nous sommes tous pareils. À ce niveau-là, il n'y a pas de différences entre les êtres humains. »

Être soi-même

« La discrimination, ça existe, la jalousie aussi existe. Il y avait des gens, même à l'école, qui pensaient que je ne devais pas être là, il y a des gens qui disent que je ne dois pas être ici, mais si vous pensez à tout ce que les gens disent, vous n'avancez pas ; le problème des immigrants, c'est qu'ils attendent de l'approbation, qu'on leur dit quoi faire, mais l'important, c'est d'être vous-même, de se connaître soi-même. Cogito ergo sum. — Descartes – Je pense, donc, je suis. Quand vous savez qui vous êtes, vous allez vous débrouiller. Dans la vie, il faut se battre, quoi qu'on vous en dise. Il n'y a rien de pire au monde que la langue et il n'y a rien de meilleur au monde que la langue. »

IS : S'il vous fallait utiliser juste quelques mots pour nommer les ingrédients d'une intégration réussie, quels seraient-ils ?

AG : « Le premier ingrédient, c'est la confiance en soi.

Le deuxième ingrédient, c'est l'ouverture d'esprit.
Le troisième ingrédient, c'est la communication.

Avec ces trois ingrédients, vous n'aurez aucun problème d'intégration.
Il faut aussi éviter d'avoir peur. Il y a beaucoup de personnes qui restent bloquées par la peur. Avoir peur d'approcher des gens et avoir une mauvaise estime de soi sont les handicaps de l'intégration.

Quand vous allez chercher les ingrédients de l'intégration, quand vous communiquez avec les gens, vous allez réussir votre intégration.

Deux phrases que j'ai retenues depuis l'école primaire :
"La persévérance dans l'effort conduit au succès. " Il faut toujours faire de l'effort. Même si les gens veulent vous aider, vous ne pouvez pas réussir sans vos propres démarches, vos propres efforts.

Et la deuxième phrase : "Bien commencer pour bien finir."

Montréal, 17 août 2015

Points de réflexion !
La différence
La communication
L'ouverture
La connaissance de l'autre
Le changement
Le cheminement
La réussite
La célébration

Informez-vous!

- Department of Education, Concordia University < https://www.concordia.ca/artsci/education.html> (consultée le 24 janvier 2017)
- Éducation et enseignement supérieur Québec (2017), Voies d'accès à la profession enseignante <http://www.education.gouv.qc.ca/references/publications/resultats-de-la-recherche/detail/article/les-differentes-voies-dacces-menant-a-la-profession-enseignante-formation-professionnelle/ >(consultée le 24 janvier 2017)
- Faculté des sciences de l'éducation de l'UQAM < https://education.uqam.ca/>(consultée le 24 janvier 2017)
- Faculté des sciences de l'éducation de l'Université de Montréal< http://fse.umontreal.ca/>(consultée le 24 janvier 2017)
- Faculty of Education, McGill University < https://www.mcgill.ca/education/education>(consultée le 24 janvier 2017)
- Université de Sherbrooke. Histoire de la communauté haïtienne à Montréal. <http://histoirehaitimontreal.espaceweb.usherbrooke.ca/histoire/?cat=2> (consulté le 05 février 2017

Pologne. Faits saillants

(données 2011)

Taille de la communauté :

65 445 personnes au Québec

Localisation :

81,7 % habitent la région métropolitaine de recensement de Montréal.

59,7 % habitent la région administrative de Montréal

15,9 % en Montérégie

4,9 % en Outaouais

4,5 % dans les Laurentides

4,2 % Laval

À Montréal :

21 % Côte-des-Neiges-Notre-Dame-De-Grâce

10,1 % Plateau Mont-Royal

8,9 % Pierrefonds — Roxboro

6,8 % LaSalle

Profil linguistique :

85,2 % anglophones

67,5 % français et anglais

Profil socio-économique :

35 675 personnes — population active

62,5 % taux d'emploi, supérieur à l'ensemble de la population québécoise (59,9 %)

7,6 % taux de chômage, légèrement plus élevé que celui de la population québécoise (7,2 %)

44 468 $ revenu moyen, supérieur à celui de l'ensemble de la population québécoise (36 352 $)

Source: Immigration, Diversité et Inclusion Québec. *Portrait statistique de la population d'origine ethnique polonaise recensée au Québec en 2011 <http://www.quebecinterculturel.gouv.qc.ca/publications/fr/diversite -ethnoculturelle/com-polonaise-2011.pdf > (consultée le 24 janvier 2017)*

Iwonka Balcerowska, artiste en arts visuels et vice-présidente de l'AAVNM, à Montréal depuis 1981

Son arrivée à Montréal coïncide avec l'État de guerre proclamé en Pologne par le général Wojciech Jaruzelski, en décembre 1981

« Je suis née pour créer. »

Je m'appelle Iwonka Balcerowska, mon nom d'artiste est Iwonka, tout simplement, je suis artiste en arts visuels et, présentement, j'occupe un poste de Vice-présidente au sein de l'Association des Artistes en Arts Visuels du Nord de Montréal.

S'installer à Montréal

Je suis arrivée au Québec en 1981. J'étais étudiante en Psychologie et pédagogie spéciale en Pologne et j'avais pris une année pour écrire ma thèse. Pendant cette année, une de mes cousines déjà installées au Québec est venue nous rendre visite et c'est elle qui m'a invitée à passer quelques mois, en vacances, à Montréal. J'avais 21 ans. La Pologne était un pays communiste. Ce n'était pas facile de quitter le pays, mais j'ai réussi avec l'aide de mon professeur universitaire, qui m'a écrit une lettre de recommandation.

Je viens d'une famille d'artistes, des gens de théâtre, de beaux-arts et j'ai été éduquée dans cette ambiance, mais, malheureusement, je n'ai pas réussi mon examen d'entrée aux arts dramatiques, alors, je me suis orientée vers la psychologie. J'ai été membre du Comité de solidarité des étudiants, j'étais très, très active, c'était un organisme qui luttait contre le communisme et je ne m'attendais pas à obtenir le visa. J'ai quitté le pays le 11 décembre 1981, sans penser à rester ici définitivement. Nous savions qu'il va y avoir des mouvements en Pologne, mais c'est arrivé plus rapidement qu'on ne le pensait. L'état de guerre s'est installé le 13 décembre. Les frontières fermées, les lignes téléphoniques coupées, je ne pouvais pas rejoindre ma famille. À plusieurs reprises, j'étais prête à repartir, mais mes proches m'ont conseillée de rester ici et d'attendre que les choses se calment. Finalement, 3 mois plus tard, j'ai réussi à communiquer avec ma mère et elle m'a assurée qu'ils n'étaient pas en danger de mort. J'ai décidé de rester encore quelques mois à Montréal, mais je n'avais plus d'argent. Alors, on m'a conseillée de rencontrer un agent d'immigration afin d'obtenir un permis de travail temporaire, étant donné la situation en Pologne. Je n'avais aucunement l'intention de m'installer définitivement, mais on était prêts à me recevoir en tant que réfugiée. J'ai refusé le statut de réfugié, car ça aurait pu mettre ma famille et mes proches en danger. On m'a appelée quelques semaines plus tard afin de me proposer un permis de travail. J'ai travaillé dans des manufactures, dans la restauration.

Le français, le premier pas vers l'intégration

Je parlais déjà un peu français. En Pologne nous avions le choix d'apprendre comme langue seconde le français, l'anglais ou l'allemand ; moi, j'ai choisi le français, car c'était pour moi la langue de l'amour et de la poésie. Afin de mieux réussir, j'ai commencé à suivre des cours de francisation. J'ai rencontré quelqu'un qui m'a aidée à trouver un emploi et ne plus dépendre de ma famille. Lui et sa femme représentent des gens vraiment importants dans ma vie, car ils m'ont accueillie comme si j'étais leur propre fille.

J'ai ainsi commencé à travailler sur une chaîne de production des pièces d'ordinateurs. Mais j'ai réalisé que ce n'était pas quelque chose que je pouvais faire à long terme.

J'ai alors loué une chambre et j'ai commencé à travailler dans la restauration. Le travail était dur, mais très payant et c'était important pour moi, car je soutenais financièrement ma famille, en Pologne. Je me demandais souvent si je devais rester ou retourner en Pologne. Le fait de me marier fut un moment décisif pour moi. C'était juste avant l'expiration de mon billet de retour.

Des études, pour mieux réussir

Comme j'aimais toujours les arts, j'ai pensé à faire des études en design de mode et je me suis inscrite au Collège Lasalle. J'ai travaillé pendant plus de 20 ans dans le domaine de la mode. J'ai commencé comme étalagiste, pour une compagnie spécialisée en décoration de vitrines. Je n'avais aucune expérience dans le domaine, mais ils m'ont acceptée. Ensuite, j'ai trouvé un emploi dans la Cité de la Mode sur la rue Chabanel et c'est là que j'ai rencontré mon mentor. J'ai commencé comme assistante. J'ai beaucoup appris dans le domaine de la mode et, petit à petit, j'ai commencé à faire des croquis. Plus tard, j'ai changé pour une compagnie où je m'occupais du contrôle de la qualité, la gestion de la production, les achats, etc. Tranquillement, je suis passée par tous les départements. Une fois mes études terminées, j'ai commencé à travailler comme designer et je l'ai fait pendant 10 ans avant de décider de m'investir dans le domaine du bien-être.

IS : **Est-ce possible de changer de carrière à Montréal ?**
IB : J'ai suivi des cours de kinésithérapie avec Kiné-Concept <http://www.kineconcept.com/fr/index.php > et j'ai créé une compagnie de services dans le domaine du bien-être adressés aux employés de grandes et petites entreprises.

C'est alors que je me suis rendu compte que j'ai toujours travaillé dans le business et non pas dans le domaine des arts.

Réaliser ses rêves

J'ai décidé de suivre des cours de dessin, car, pendant 20 ans dans le domaine de la mode, je suis devenue un peu trop technique et la création m'a beaucoup manqué. Je me suis inscrite dans une Association d'artistes à Laval — CAPSQ <http://www.capsq.qc.ca/>. J'ai exposé quelques fois avec eux ici et en Europe et j'ai rencontré des gens du milieu. Le premier tableau vendu m'a donné beaucoup de motivation pour continuer à croire qu'il est possible de vivre de son art. En 2006, j'ai participé, avec un groupe d'artistes de Montréal-Nord, à la création de l'Association des Artistes en Arts Visuels du Nord de Montréal <http://www.aavnm.org/iwonka-balcerowska-1>. J'ai été membre actif, ensuite trésorier et, depuis l'année passée, je suis vice-présidente de l'AAVNM.

La peinture à l'huile était mon premier médium, mais j'aime explorer. J'ai eu une période acrylique, technique mixte, j'en ai pris et ensuite donné des cours de mosaïque. J'ai expérimenté l'aquarelle, mais j'ai décidé que ce n'était pas pour moi. J'ai changé plusieurs thèmes et plusieurs styles et, depuis 3 ans, je développe 2 techniques : la peinture à aérosol sur plexi glace, je le travaille à l'envers ; ce n'est pas figuratif, c'est abstrait, en grand format ; pour les petits formats, je travaille avec l'encre à l'alcool sur papier lustré photographique. Pour partager mon expérience et ma passion, j'ai donné des cours de mosaïque, de peinture à l'huile et à l'acrylique et j'organise également des ateliers d'expression artistique en arts visuels. Avec l'Association, on donne des cours depuis plusieurs années à la Maison culturelle <http://www.accesculture.com/emplacement/maisonculturelleetcom munautairedemontrealnord>. Cette année, en collaboration avec *Un itinéraire pour tous* — <http://www.uipt.ca/ >, nous offrons des ateliers d'initiation pour les enfants.

Un conseil pour les nouveaux arrivants ?

Ne pas perdre le lien avec sa communauté (Iwonka a été présentatrice Télé Polonica pendant 2 ans et demi), mais ne pas rester seulement avec sa communauté non plus. La communauté, c'est important, mais, **pour s'intégrer, il faut aussi développer des contacts avec la société d'accueil. Il faut être ouvert à la diversité et être ouvert, en général.**

IS : Recommanderiez-vous à d'autres personnes de venir s'installer au Québec ?

IB : Oui, surtout à ceux qui parlent les deux langues officielles et spécialement à Montréal, car il y a ici une diversité culturelle.

IS : Qu'est-ce qui vous motive dans votre profession ?

IB : Le besoin de m'exprimer, de créer, de voir le produit final, je suis impatiente de le voir, le besoin d'offrir, de partager mes expériences, mes désirs, mes passions. Je suis aussi réceptive à ce que l'autre a à offrir. Je suis à l'écoute, je m'intéresse aux autres, je suis curieuse.

IS : Mieux s'intégrer ?

Persévérance, patience, lâcher-prise, recul, parfois.

IS : Une phrase préférée ?

IB : **Je suis venue au monde pour créer.** Je suis aussi une poète, je publie en anglais sur <**www.poetry.com**> . J'ai déjà écrit un roman en polonais, mais malheureusement, nous avons été victimes d'un cambriolage chez nous et j'ai tout perdu, sauf les deux premiers chapitres que j'avais écrits à la main. Un jour, je vais peut-être recommencer, mais cela a été très difficile pour moi.

Fils Sacha Cohen

Mère Iwonka Balcerowska

Exposition Mère et Fils - Derrière la couleur

Du 24 au - 30 octobre 2014

Vernissage samedi le 25 octobre de 17h à 21h

Espace
de diffusion
culturelle

Artistes en arts visuels du nord de Montréal
3440 rue Fleury est, trois rues à l'est de Saint Michel
514.903.9883 - www.aavnm.org

Source : Archives personnelles de Iwonka

Parmi ses réalisations, en octobre 2014, Iwonka expose à côté de son fils, Sasha Cohen, dans l'Espace de Diffusion Culturelle 3440, « Mère et fils derrière la couleur ». Elle fait partie, depuis plusieurs années, du groupe de l'exposition itinérante *Paravents* et participe aux projets en cours pour la célébration du *375e anniversaire de Montréal.*

Montréal, 21 novembre 2016

Points de réflexion !
Le rêve de vie
La persévérance
La réalisation de soi
Le partage

Informez-vous !

- AAVNM. <http://www.aavnm.org/expisitions-edc> (consulté le 13 février 2017)
- Collège LaSalle. Mode, art et design. <http://www.collegelasalle.com/ecole-de-mode-arts-design> (consulté le 05 février 2017)
- Collège Marie-Victorin. Arts Visuels. https://www.collegemv.qc.ca/arts_visuels/accueil (consulté le 05 février 2017)
- École de Joaillerie de Montréal. <http://www.ecoledejoaillerie.com/> (consultée le 05 février 2017)
- Université de Montréal. Département d'histoire de l'art et études cinématographiques <http://histart.umontreal.ca/accueil/ > (consulté le 05 février 2017)
- Université de Sherbrooke. Il y a 25 ans en Pologne. <http://perspective.usherbrooke.ca/bilan/servlet/BMAnalyse?codeAnalyse=230> (consulté le 07 février 2017)
- UQAM. Faculté des Arts. <http://arts.uqam.ca/ > (consulté le 05 février 2017)

Maroc. Faits saillants

(données 2011)

Taille de la communauté :

59 480 personnes

Localisation :

90,7 % habitent la région métropolitaine de recensement de Montréal

65,8 % habitent la région administrative de Montréal

11,8 % Laval

10,8 % Montérégie

À Montréal :

14,8 % Côte-des-Neiges–Notre-Dame-de-Grâce

14,4 % Saint-Laurent

11,7 % Ahuntsic-Cartierville

11,4 % Villeray-Saint-Michel-Parc-Extension

Profil linguistique :

95,3 % français

47 % uniquement le français

48,3 % français et anglais

Profil socio-économique :

27 390 personnes — population active

56,4 % taux d'emploi, plus faible que l'ensemble de la population québécoise (59,9 %)

16,5 % taux de chômage, presque deux fois plus élevé que l'ensemble de la population (7,2 %)

30 510 $ revenu moyen, inférieur à celui de l'ensemble de la population (36 352 $)

Source:

Immigration, Diversité et Inclusion Québec. *Portrait statistique de la population d'origine ethnique marocaine recensée au Québec en 2011*

<http://www.quebecinterculturel.gouv.qc.ca/publications/fr/diversite-ethnoculturelle/com-marocaine-2011.pdf >(consultée le 24 janvier 2017)

Kamal Benkirane,
écrivain et directeur général
E-Passerelle, édition électronique et
événements culturels,
à Montréal depuis 2001

e.passerelle@gmail.com
http://www.e-passerelle.ca/
Facebook : E-Passerelle;
Twitter : epasserelle
http://quebec.huffingtonpost.ca/kamal-
benkirane/

« Qui ne risque rien n'a rien. »

Un montréalais qui mise sur l'interculturel

Kamal Benkirane, citoyen canadien depuis 2005, il est né à Casablanca. Membre de l'Alliance des professeurs de Montréal et de l'Union des écrivains du Québec, il est auteur, éditeur et directeur général de l'Association culturelle Passerelle, un organisme qui s'occupe de la promotion des événements culturels et littéraires et de l'édition électronique : « Nous avons pris le relais du projet "Mille et une soirées littéraires" et nous lui avons donné une touche interculturelle, dans le sens d'une interaction permanente entre les cultures : Haïti, Liban, Maroc, France, Amérique Latine, Italie, littérature amérindienne, etc. Une fois par mois, nous invitons des auteurs. C'est une exploration de toutes les communautés qui enrichissent Montréal. » Kamal Benkirane est aussi un collaborateur permanent de Huffington Post Québec. http://quebec.huffingtonpost.ca/kamal-benkirane/

Une carrière culturelle en français, à Montréal

Avant son arrivée à Montréal, en 2001, M. Benkirane a fait des recherches et il a choisi la francophonie. « Je me suis fixé un objectif : d'avoir une carrière culturelle. J'ai choisi le Québec pour la langue française. Montréal, c'est un milieu culturel magnifique. Dans le métro de Montréal, il y a les 5 continents du monde.

Un emploi ou une carrière ? Il faut se fixer des objectifs.

Il commence à travailler pour une maison des sondages et, une fois les études terminées, il passe des examens à la Commission scolaire de Montréal, où il travaille comme enseignant depuis 2006. Monsieur Benkirane a une maîtrise en Science de l'éducation de l'Université de Montréal. Il compte poursuivre avec des études doctorales.

Des opportunités et des choix

"J'ai eu deux possibilités en Ontario, mais j'ai refusé. Il y a des opportunités, mais il y a aussi des choix à faire." Il se concentre sur ce qu'il aime le plus : la famille, l'écriture, l'enseignement, la culture. "La famille est très importante pour moi. Tu ne peux pas réussir, en délaissant ce qui est le plus important. Il faut être équilibré."

Pour réussir son intégration

"Il faut aller vers les gens. Ils ne demandent qu'à te connaître. Ne fréquente pas les gens négatifs. Pour s'intégrer, il faut rester positif. Demander de l'aide. S'entourer des gens qui sont positifs. Se trouver un objectif. Aller dans les bibliothèques. Chercher de l'information. Se poser des questions.

Développer son niveau d'instruction. S'intéresser à la vie civile, communautaire. Aller au théâtre. Regarder le hockey. Si tu te fixes un objectif, tu vas réussir. Par exemple, dans 4 ans, je vais avoir mon diplôme en arts, etc. Il faut respecter ces règles. Être motivé de réussir. Je suis venu d'un pays lointain, c'est impossible de ne pas réussir. J'ai 43 ans, je me suis inscrit avec l'Union des Écrivains du Québec et les écrivains m'ont beaucoup aidé. J'ai donné des entrevues à Radio Canada. Travailler avec les écrivains m'a beaucoup encouragé. Si on travaille fort, si on persévère, on réussit."

Des rencontres qui nous font avancer

"Il y a beaucoup de personnes qui m'ont inspiré et qui m'ont aidé à avancer. Des gens qui m'ont présenté à l'Union des écrivains, qui m'ont conseillé en gestion de projet, qui m'ont accompagné dans mes projets. Québec ouvre des possibilités. Il faut aller chercher les moyens pour que ces opportunités deviennent nos opportunités. Il faut aussi garder le sens de l'entreprise. Il faut risquer ! Même si on échoue, on continue, il faut continuer !"

Une phrase qui vous inspire

"Qui ne risque rien n'a rien." Cette phrase dit beaucoup. Si on risque, on peut gagner. La peur de l'échec ne mène nulle part. Je me suis investi à fond. C'est ce qui a fait de mon parcours un parcours enrichissant. Avec la littérature on pourrait arriver à quelque chose. On peut arriver à la politique. C'est une question de choix. La lecture peut être une thérapie aussi. La littérature peut changer la vision politique. Dans la littérature il y a l'humanisme, il y a une vision sur le monde, la littérature peut sauver le monde.

Le leadership, c'est d'exceller dans ce que l'on fait.

J'ai accepté cette entrevue aussi parce que vous m'avez beaucoup aidé dans mes recherches de livres en bibliothèque, vous faites votre travail d'une manière excellente et aussi parce que j'aime aider les gens et parce qu'il faut parler de l'intégration. Les gens doivent aller jusqu'au bout de ce qu'ils veulent. »

Kamal Benkirane a publié les recueils de poèmes *Les ormes diaphanes, Dans la chair du cri et Feuillets de l'aube,* un recueil de nouvelles *Les miroirs mentent toujours,* et un essai aux éditions Harmattan en France, *Culture de la masculinité et décrochage scolaire des garçons au Québec.*

Il a reçu plusieurs prix poétiques en France. Son dernier livre, cette fois un roman, *J'ai tué l'hiver,* paru en décembre 2015, est disponible chez Archambault.

Montréal, 18 septembre 2015

Points de réflexion !

Le choix de carrière
L'interculturel
Les opportunités
L'audace
L'action

Informez-vous !

- Collège Ahuntsic. Études littéraires et artistiques. <http://www.collegeahuntsic.qc.ca/futur-etudiant/programmes-et-formations/programmes-preuniversitaires/etudes-litteraires-500ah> (consulté le 05 février 2017)
- Salon du livre de Montréal. <http://www.salondulivredemontreal.com/exposant/etudes-litteraires/> (consulté le 05 février 2017)
- Université Concordia. Department of English. <https://www.concordia.ca/artsci/english.html> (consulté le 05 février 2017)
- Université McGill. Département de langue et littérature françaises. <http://www.mcgill.ca/litterature/fr/accueil> (consulté le 05 février 2017)
- UQAM. Baccalauréat en Études littéraire. <https://etudier.uqam.ca/programme?code=7872 > (consulté le 05 février 2017)

Roumanie. Faits saillants
(données 2011)

Taille de la communauté :
41 610 personnes
Localisation :
91,5 % dans la région métropolitaine de recensement de Montréal
57,8 % dans la région administrative de Montréal
16,9 % Montérégie
13,3 % Laval
À Montréal :
27,2 % Côte-des-Neiges–Notre-Dame-de-Grâce
10,9 % Saint-Laurent
7,4 % Pierrefonds-Roxboro
Profil linguistique :
90,5 % francophones
69 % Français et anglais
21,5 % français seulement
Profil socio-économique :
24 800 personnes — population active
69,6 % taux d'emploi, plus élevé que l'ensemble de la population du Québec
8,1 % taux de chômage, plus élevé que la population d'origine québécoise (7,2 %)
39 756 $ revenu moyen, plus élevé que celui de l'ensemble de la population au Québec (36 352 $)

Source:
Immigration, Diversité et Inclusion Québec. *Portrait statistique de la population d'origine ethnique roumaine recensée au Québec en 2011*
<*http://www.quebecinterculturel.gouv.qc.ca/publications/fr/diversite -ethnoculturelle/com-roumaine-2011.pdf* >(*consultée le 24 janvier 2017*)

Magdalena Dote,
artiste en quilling et technicien soutien service à la clientèle chez Bell Canada, à Montréal depuis 1999

« One thing at a time. »
« Tout ce qui mérite d'être fait est difficile à faire. »
« Do it better, do it right and at the right time. »

« J'espère que l'art va m'accepter ! » (Gina Patrichi)

J'ai rencontré Magda lors du lancement d'un livre dont elle est la créatrice de la couverture. J'ai profité pour lui proposer une entrevue. Elle a eu l'amabilité de nous recevoir chez elle — moi et le photographe Viorel Margineanu — et de partager des fragments de sa vie, de ses passions, avec nous.

Fière citoyenne canadienne, Magdalena Dote, née Gireada, est arrivée au Canada il y a 18 ans. Membre de l'Association américaine de quilling — *North American Quilling Guild* —, Magda s'exprime par le quilling, un art qu'elle a découvert il y a 6 ans. « Au Québec, il n'y a pas d'association, car seulement 3 artistes en quilling. Mon rêve est de créer une école de quilling. Tu dois avoir de la passion, un peu d'imagination et beaucoup de patience. », affirme-t-elle. Magda ne se considère pas une artiste. Elle cite, d'ailleurs, la grande actrice roumaine, Gina Patrichi : « J'espère que l'art va m'accepter. »

Le projet d'immigration au Canada

Après la révolution roumaine, en 1989, et la naissance de son fils, en 1994, la nouvelle famille commence à se poser des questions sur l'immigration. Une de leurs amies était déjà au Canada. C'est elle qui les a accompagnés tout au long du processus d'immigration et d'intégration.

Photographies réalisées par Viorel Margineanu, www.viorelmargineanu.com

S'intégrer, défis et réussites

À son arrivée à Montréal, Magda parlait seulement l'anglais. Elle suit des cours de français pendant cinq mois, après quoi elle se fait embaucher par une compagnie anglophone — Automatic Forms.

Pour réussir, « il faut être diplomate. Dans la vie personnelle, comme dans la vie professionnelle. Il faut faire des compromis, il faut se changer soi-même, pas complètement, mais il s'agit d'un travail continu sur soi, sur le savoir-vivre, pour une bonne intégration, pour une belle vie. »

Avec un diplôme en architecture des ordinateurs et une expérience dans la vente des ordinateurs et des logiciels, en Roumanie, et quelques ans d'expérience au Canada, elle obtient un poste chez Bell, à Montréal, où elle travaille encore aujourd'hui au service de soutien aux usagers. « Chez Bell, j'ai eu la chance de m'intégrer. Il y a beaucoup de soutien professionnel dans les compagnies privées au niveau de la mise à jour des connaissances. Pour avancer, c'est à toi de voir les opportunités. »

Conseils pour les nouveaux arrivants

« Lire entre les lignes, être ouvert, aimer la société québécoise, car la société québécoise a beaucoup à offrir, être persévérant. Continuer à rêver, mais faire le nécessaire pour réaliser ses rêves, aussi. Les gens, au Québec, sont très accueillants. Ici, il y a un multiculturalisme extraordinaire. C'est fantastique, tu peux parler au moins trois langues : français, anglais et la langue maternelle ! Il faut faire les efforts pour apprendre le français, c'est très apprécié par la société d'accueil. Une chose que j'ai adorée ici, dans le grand Montréal, on peut avoir accès à tous ces artistes qui parlent toutes sortes de langues. La meilleure province au monde, c'est le Québec et le meilleur pays au monde, c'est le Canada. On doit aimer l'endroit où nous vivons. Aimer le pays, la langue, la culture. Un immigrant qui vient ici doit recommencer avec amour et ouverture d'esprit pour réussir. Il doit se dire : ici, je peux réussir ! Québec te donne tous les outils afin de bien t'intégrer. Il y a beaucoup d'expérience en immigration et on sait t'orienter.

On doit aussi aimer ce que l'on fait, sinon on va aller chercher autre chose.
Je travaille chez Bell depuis 15 ans maintenant. C'est un très bon employeur, une très belle compagnie, avec de très bons produits. Quand je suis arrivée au Québec, j'ai voulu faire une **formation en administration** et j'ai aussi abandonné un **certificat en ressources humaines**, car j'ai décidé que j'étais bien dans mon poste chez Bell. La devise de la compagnie m'inspire beaucoup : "Une seule chose ne change pas chez Bell : le changement ! "

Pour résumer, afin de réussir, on a besoin de l'ouverture d'esprit, du travail, une bonne attitude, de l'amour et être passionné, que ce soit au travail ou pour tes loisirs, il faut mettre de la passion. »

Famille, inspiration, passion

« La famille, c'est ma priorité. Je ne suis pas une carriériste, mais j'admire les femmes qui font les deux. J'aime ma famille, j'aime me garder en forme et je cultive ma passion, *le quilling.* »

Pour garder la forme, Magda trouve le temps pour pratiquer le yoga. « C'est la meilleure façon de se garder en santé, d'ouvrir son esprit, de trouver de la tranquillité, de se relaxer, de décrocher. Essaie de te donner comme formation personnelle *le Karma Yoga* : faire parce que tu dois le faire. Fais-le avec plaisir. Si tu dois nettoyer ton plancher, sois heureux d'avoir une maison et un plancher à nettoyer. Tu as une maison, sois heureux. Karma yoga doit être intégré plus dans la vie. L'attitude positive, la liberté de penser. »

Une personne inspirante

« Les livres sont très inspirants pour moi. Je lis beaucoup. Je rêve beaucoup. Je lis toutes sortes de livres. Je viens de finir « *L'art de rêver »* de Carlos Castaneda. Je lis en français, en anglais et en roumain. Le livre de ma vie, c'est « *La Citadelle », d' Antoine de Saint-Exupéry.* J'ai lu ce livre quand j'étais enceinte et depuis, quand j'ai besoin de chercher du positif ou de m'inspirer dans le quilling, j'ouvre ce livre et je trouve la réponse. Mais une personne qui m'inspire et la personne que je veux être, c'est ma maman. Elle m'a inspirée à aider les gens tant que je peux sans rien demander en échange, elle m'a inspirée par sa beauté et bonté intérieures. Je prie encore d'arriver à avoir sa beauté d'esprit. »

Dans l'atelier de Magda :

Photographies réalisées par Viorel Margineanu,
www.viorelmargineanu.com

quelques outils de quilling,

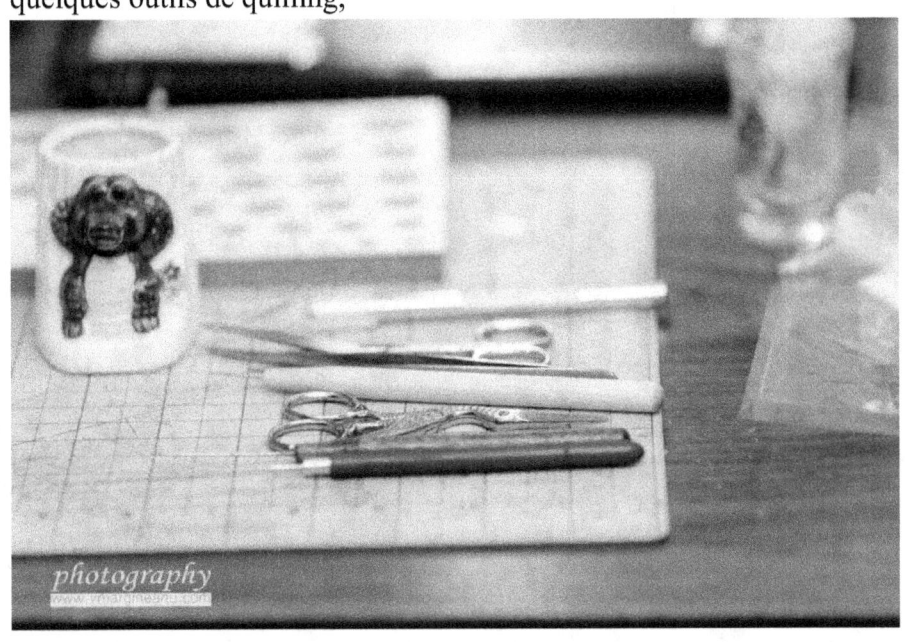

une partie de ses créations,

« Des morceaux de journal pour la cérémonie de nos 25 ans de mariage; j'adore les journaux et les livres. Je donne une deuxième vie aux vieux livres. Ça vient de ma passion pour la lecture. »

Pour suivre Magda ou pour commander ses œuvres de quilling, visiter

son   blogue   :   http://magdaquillingart.blogspot.ca/
et

sa page Facebook : https://www.facebook.com/magdalena.dote.9

**Photographies réalisées par Viorel Margineanu,
www.viorelmargineanu.com**

Laval, 20 octobre 2015

Points de réflèxion !
Les valeurs
Le travail
La famille
La passion
Le bien-être

Informez-vous !

- Cégep du Vieux Montréal. Techniques de l'informatique. <http://www.cvm.qc.ca/formationreg/programmes/TechInfor matique/Pages/index.aspx> (consulté le 05 février 2017)
- Collège Herzing. Formation en Soutien informatique. <http://www.herzing.ca/fr/montreal/formation/soutien-informatique/ > (consulté le 05 février 2017)
- DeSerres. Qilling. <https://www.deserres.ca/en/creative-hobbies/papercrafts/quilling?gclid=CM6vx-ub-tECFcOCswodceINZQ> (consulté le 05 février 2017)
- North American Quilling Guild. <http://www.naqg.org/> (consulté le 05 février 2017)
- Université de Montréal. Département d'informatique et de recherche opérationnelle. <http://diro.umontreal.ca/accueil/> (consulté le 05 février 2017)

Diana Haiduc,
pharmacienne chez Jean-Coutu,
à Montréal depuis 2007

« Suivez les étapes
et acceptez tout conseil qui
vous est offert. »

« Au Canada, on peut réaliser ses rêves ! »

À Montréal depuis 2007, Diana a tout de suite su ce qu'elle allait faire. Continuer sa carrière de pharmacienne, domaine dans lequel elle avait travaillé pendant 16 ans en Roumanie. Elle était aussi propriétaire-associée de deux pharmacies.

« Je me suis informée et, dès mon arrivée, j'ai déposé les documents à l'*Ordre des pharmaciens* afin d'obtenir le droit de pratique. J'ai travaillé comme technicienne en pharmacie pendant 3 ans et demi. Chaque année, il y a un nombre limité d'immigrants acceptés pour l'équivalence. Finalement, j'ai été acceptée dans le programme d'appoint. Au début, nous étions 33 et, à la fin des études, nous étions seulement 27. Il y avait des étudiants de 17 pays, un beau mélange. Le programme existe encore et c'est une réussite. Ce sont des études à temps plein, d'une durée d'un an et neuf mois, sans vacances, 76 crédits et 9 mois de stage. J'ai terminé en 2012 et, en 2013, j'ai eu ma licence de pharmacien. Très difficile du point de vue conciliation travail — études — famille – vie sociale, mais ça vaut la peine. »

Présentement, Diana travaille à temps plein comme pharmacienne et elle parle trois langues : le français, l'anglais et le roumain. C'est son expérience de présidente d'une Association franco-roumaine et ses visites en France qui l'ont aidée dans la pratique de la langue française. En ce qui concerne l'anglais, elle a suivi des cours de soir, pendant un mois, au *Collège Dawson*.

Arrivée à Montréal au mois de septembre, Diana commence à participer aux activités du *Centre des femmes de Montréal* et, suite à ces rencontres, 2 mois plus tard, elle décroche un emploi comme technicienne en pharmacie. « Il y avait une formation au Centre des femmes et j'ai rencontré une Roumaine qui m'a parlé de ce poste, je me suis préparée pour l'entrevue avec les professionnels du *Centre des femmes* et j'ai été embauchée. Ce fut une belle expérience. »

Un conseil pour les nouveaux arrivants

« Ne pas brûler les étapes ! C'est un conseil que j'ai reçu d'une dame. Suivez les étapes et acceptez tout conseil ou aide qui vous est offerte. Ne pas oublier votre rêve. Pour avancer. Il y a beaucoup de gens qui renoncent, mais il faut persévérer. Il y en a qui se disent que l'âge est un problème, 40 ans, par exemple, mais il ne faut pas renoncer. Personnellement, j'ai dû renoncer à toutes les rencontres d'amis, aucun contact. Il faut faire ses études, peu importe l'âge, j'encourage tout le monde à poursuivre leurs études. »

Regard sur Montréal après 8 ans

« J'adore le Québec, j'adore Montréal. Un mélange, une richesse culturelle. On apprend de toutes les cultures. Je suis aussi impliquée dans la communauté roumaine, je suis la secrétaire de l'Association des écrivains roumains de Montréal. J'ai écrit deux livres, je participe au Salon du livre de Montréal, je suis un critique littéraire de poésie, j'aime lire, écrire. Quand je suis invitée au *Cercle littéraire Eminescu* à Côte-des-Neiges, je participe. »

« Mon premier livre de poésie-peinture-essai, *Ma vie en rose*, c'est un guide pour les nouveaux arrivants. » Il est paru en 2010, en édition bilingue, chez Éditions Némésis. Le deuxième, c'est un essai publié en roumain. La peinture fait partie de ses loisirs et elle participe à des expositions.

Pourquoi le Canada ?

« J'ai choisi de m'installer au Canada pour vivre différemment et pour un avenir différent pour mon fils. Le plus précieux aujourd'hui, si je dois résumer, c'est la qualité de vie. On peut voyager, on peut rêver et on peut réaliser ses rêves. »

Parmi toutes ces préoccupations, Diana est aussi branchée sur des réseaux professionnels dans le domaine pharmaceutique, elle suit la formation continue de l'*Académie Jean-Coutu*. « La mise à jour dans ce domaine, c'est une nécessité. »

Diana a déjà donné des conférences et elle est prête à refaire l'expérience afin d'encourager les gens à poursuivre leurs efforts vers une intégration réussie.

Points de réflexion !
La réussite professionnelle
L'intégration
L'épanouissement

Informez-vous !

- Avenir en santé. <http://avenirensante.gouv.qc.ca/> (consulté le 07 février 2017)
- Le Club des jeunes entrepreneurs. <http://pharmapar.ca/fr/cje/> (consulté le 07 février 2017)
- Emplois professionnels en santé. <http://www.emploisprofessionnelsensante.com/fr/page/13/c arrieres> (consulté le 07 février 2017)
- Ouverture d'une pharmacie. <http://www.ramq.gouv.qc.ca/fr/professionnels/pharmaciens/ pharmacie/Pages/ouverture.aspx> (consulté le 07 février 2017)
- Université de Laval. Formation à distance. Microprogramme en gestion de pharmacie. <http://www.distance.ulaval.ca/etudes/programmes/micropro gramme-de-deuxieme-cycle-en-gestion-de-pharmacie> (consulté le 07 février 2017)

Rinda Hartner,
Infirmière, M. Sc. inf. (adm.),
chef d'unité au Centre intégré
Universitaire de santé et des services
sociaux CIUSSS du Centre-Sud de
l'Ile Montréal,
à Montréal depuis 1999

Elle a fait partie des équipes
d'accueil des sinistrés d'Haïti en
février 2010 et donne des
conférences au Japon, en Suisse
et aux États-Unis.

« Un cerveau inoccupé est l'officine du diable. »

Canadienne d'origine roumaine et diplômée de l'*Université de Montréal*, Rinda Hartner est chargée de cours en *Soins infirmiers à l'Université de Montréal* depuis 2012, chef d'unité au *CIUSSS du Centre-Sud de l'Ile de Montréal* et coordonnateur des soins à l'*Hôpital de Verdun*.

En 2011, *L'Ordre des infirmières du Québec* lui accorde le *Prix Florence catégorie Relève*, pour son apport au développement de la profession. En 2012, à Genève, elle obtient le prix *Care Challenge accordé par Sanofi*, pour Innovation en soins infirmiers.

J'ai rencontré Rinda Hartner *au Palais des Congrès de Montréal*, à l'occasion du *Congrès annuel de l'Ordre des infirmières et infirmiers du Québec.*

Après un début de carrière comme dentiste en Roumanie, Rinda décide de s'installer à Montréal, en octobre 1999. En janvier 2000, elle découvre la profession d'infirmière. « Le goût pour les soins infirmiers m'a été donné par l'infirmière qui est venue chez nous après la naissance de mon enfant. À ce moment-là, je ne comprenais pas exactement son rôle. En Roumanie, le système de santé est différent. »

Orientation professionnelle

Malgré certaines difficultés — Rinda ne parlait pas parfaitement le français —, elle commence à s'orienter professionnellement et s'inscrit aux études en *Biochimie à l'Université de Montréal.* « J'ai appris le français à l'université. Je lisais beaucoup. Je me suis rendu compte qu'il fallait apprendre le français afin de mieux m'intégrer. De plus, pour moi, bien parler, c'est montrer le respect envers les gens qui m'ont accueillie. L'anglais est aussi très important, car nous sommes au Canada. » Aujourd'hui, Rinda parle le roumain, le français, l'anglais et l'allemand.

En 2001, elle décide de changer de programme, découvre les soins infirmiers et termine ses études en 2005. Elle travaillait déjà comme externe à *l'Hôpital Général Juif,* depuis sa deuxième année d'études.

« Le travail pendant les études permet de constater si on aime vraiment ce milieu, il développe la confiance, le savoir-être aussi, car on travaille avec les gens et avec les vrais problèmes, mais c'est un travail très encadré, qui nous prépare, en même temps, pour l'examen de l'Ordre, un examen très exigeant. *L'Ordre des infirmières et infirmiers* doit s'assurer que les gens sont aptes à travailler, que les infirmiers/infirmières ont les compétences requises pour donner un travail de qualité et sécuritaire. »

Après la naissance de son troisième enfant, Rinda obtient un poste dans un CLSC, ce qui lui permet une meilleure conciliation travail-famille, car l'Hôpital lui offrait des quarts de travail de jour et de nuit. Elle fait une passion pour la santé communautaire et y reste pendant 8 ans. Rinda aime son expérience, ce qui la pousse à avancer.

L'importance de la formation continue
En 2012, elle termine la *Maîtrise en Sciences infirmières* et obtient un poste de conseiller-cadre au *CSSS Jeanne Mance* et un poste de *chargé de cours en Sciences infirmières.*

Des rencontres inspirantes

« Le professeur qui a toujours été une inspiration pour moi est monsieur *Damien Contandriopoulos*, un pédagogue par excellence, un modèle que j'essaie de suivre dans mon rôle de chargé de cours. Si je réussis à transmettre la même flamme à mes étudiants, je lui rends respect pour tout ce qu'il a réussi à faire pour moi. »

Implication bénévole

Parmi tous ses projets professionnels, Rinda trouve le temps de s'impliquer aussi bénévolement. Depuis 2004, elle est la réalisatrice des costumes pour les enfants du *Club de patinage artistique Centre-Sud de Montréal.*

La reconnaissance

En soins infirmiers, elle a été membre élue du Conseil d'administration de l'Ordre régional des infirmières et infirmiers de Montréal/Laval et administratrice désignée au Conseil d'administration du CIUSSS du Centre-Sud de l'ile de Montréal l.

« J'aime les défis. Je ne suis pas une eau stagnante. Je suis une personne qui lève la main quand on me propose des choses qui m'interpellent. D'ailleurs, ma citation préférée est : *"Un cerveau inoccupé est l'officine du diable."* *(Pablo Picasso)*

Montréal, 10 novembre 2015

Points de réflexion !
L'ouverture d'esprit
L'adaptation au changement
La formation continue
La transmission du savoir
L'implication sociale

Informez-vous !

- Emploi Santé Montréal. <http://www.emplois.santemontreal.qc.ca/> (consulté le 05 février 2017)
- HEC Montréal. Microprogramme en amélioration de la performance des processus du système de santé et des services sociaux (2e cycle). <http://www.hec.ca/programmes/microprogrammes-2e-cycle/microprogramme-sante-et-services-sociaux/> (consulté le 05 février 2017)
- Santé et Services Sociaux Québec. <http://www.msss.gouv.qc.ca/index.php> (consulté le 05 février 2017)
- Université de Montréal. Certificat en gestion des services de santé et des services sociaux. <http://fep.umontreal.ca/formations/certificats/gestion/gestion-des-services-de-sante-et-des-services-sociaux/> (consulté le 05 février 2017)
- Université McGill. Faculté de Médecine. <https://www.mcgill.ca/medicine/fr> (consulté le 05 février 2017)

**Paulina Zamfir,
courtier immobilier agréé
au sein de Ré/max 2001 Inc.**

"J'ai compris que rien
n'arrive par hasard
dans la vie. "

« Aimer ce que l'on fait. »

J'ai rencontré Mme Paulina Zamfir lors d'un événement où l'on célébrait la femme. Belle occasion pour rencontrer des femmes inspirantes !

Arrivée au Québec en 2002 et citoyenne canadienne depuis 2005, Madame Zamfir est présentement courtier immobilier agréé au sein de Ré/max 2001 Inc.

Sa carrière, une passion reliée aux relations humaines

" Ce qui me motive dans mon métier, c'est aider les gens à réussir l'un des plus importants investissements dans leur vie. En tant que professionnel de l'immobilier, je m'occupe non seulement des immeubles résidentiels, mais aussi des propriétés à revenu et commerciales. Mes compétences particulières en tant qu'ingénieur et en tant que courtier immobilier agréé ont grandement contribué à la satisfaction de ma clientèle.

Autrefois, avant de devenir courtier immobilier, parmi mes loisirs, j'aidais mes amis à acheter leur maison et, en voyant que j'adorais cela, ils m'ont encouragée à me lancer dans une carrière en immobilier. La dimension humaine est très importante pour moi et, parce que mon quotidien se résume à rencontrer des gens, les écouter, les conseiller, les protéger et les aider, j'aime beaucoup cette profession que je pratique depuis bientôt 10 ans. "

Pourquoi le Québec ?

Dans les années '90, plusieurs de ses connaissances ont décidé de quitter la Roumanie pour s'installer au Canada. Madame Zamfir et son mari étant des gens d'affaires, ils n'ont pas senti l'urgence de quitter leur pays après la révolution (décembre 1989). Plus tard, en pensant à l'avenir de leurs enfants, ils ont fait des recherches et ils ont décidé d'immigrer au Québec, surtout pour la stabilité économique. « En arrivant ici, en juillet 2002, je me suis dit : je vais profiter de ces premiers jours pour visiter. J'ai beaucoup apprécié l'accueil. Partout où j'allais, j'étais très bien accueillie. Nous nous sommes installés dans la Région Métropolitaine de Montréal. Les enfants se sont très bien adaptés à l'école ; en fait, ce que je trouve vraiment différent et merveilleux ici, c'est que, dans le système scolaire québécois, on encourage le progrès de l'élève et le travail d'équipe. Il y a peu de concurrence entre les élèves et on encourage la collaboration. »

L'adaptation

Elle commence par suivre des cours de français et d'anglais et s'intéresse au marché du travail. En mai 2004, madame Zamfir termine un cours de *Dessin assisté par ordinateur au Collège Saint-Laurent*, un cours en lien avec sa formation d'ingénieure. Toutefois, elle n'est pas convaincue. « À la fin de ce cours, je me suis demandé si je voulais réellement faire ce genre de travail, assise toute la journée devant un ordinateur. La réponse a été non. Quoiqu'avoir pris ce cours n'était pas tout à fait relié à mon chemin de carrière, avoir suivi cette formation m'a beaucoup enrichie : j'ai pratiqué mon français, j'ai fait moi-même les plans de ma maison, j'ai connu des gens et, d'ailleurs, j'ai rencontré un architecte qui m'a encouragée à poursuivre une formation dans le domaine de l'immobilier. »

En 2004, elle décide de s'inscrire à l'*UQAM*, pour un *Certificat en éducation à la petite enfance*. Une de ses collègues est directrice d'une garderie et lui offre un poste. « Jusqu'au moment où, un jour, ma fille tombe malade et je dois rester avec elle à la maison. J'ai décidé d'avoir ma propre garderie chez moi. Mais je pensais toujours à l'immobilier... En août 2006, j'ai enfin commencé le programme en immobilier, à temps partiel. Depuis 2007, je travaille avec Ré/max 2001 Inc.

J'ai toujours voulu **faire quelque chose que j'aime et être entrepreneure. C'est important de suivre ses passions dans la vie.** Il faut découvrir ce que l'on aime et ensuite s'informer, étudier afin d'atteindre son objectif. Après avoir terminé mes études, j'ai continué à suivre des formations et des conférences en lien avec mon travail. J'aime aussi voyager ; c'est très formateur. »

Conseils pour les nouveaux arrivants

« Il faut faire ce que l'on aime et avoir confiance en soi. Au Québec, chacun a sa chance. Pendant mes études en dessin technique, j'ai rencontré une personne très découragée. Elle se comparait à une autre qui avait plus d'expérience, mais qui n'arrivait toujours pas à trouver un emploi après deux ans de recherches. Je lui ai dit : courage, chacun a sa chance ! Je l'ai encouragée à aller au *Centre local d'emploi* pour trouver un stage. C'est comme ça qu'elle a réussi à se faire embaucher. À la fin du stage, elle est restée à l'emploi de cette compagnie.
Il faut aussi s'entourer de gens positifs, ceci est l'un des plus précieux secrets que je peux communiquer à tous. »

Pour avancer, elle apprécie et recommande les rencontres personnelles. « En présence d'une bonne compagnie, on grandit, on apprend les uns des autres, on avance ensemble. Dans mon domaine, les relations humaines sont très importantes. »

La motivation

Pour garder sa motivation, elle compte sur son attitude positive, son ouverture d'esprit et sur le travail qu'elle fait avec plaisir. « Je crois qu'il y a un équilibre dans l'univers. Je fais quelque chose pour les gens par plaisir et ça me revient plus que je ne le pense. Il faut toujours essayer d'avoir du plaisir dans la vie — chanter, danser, écouter de la musique, étudier et voyager. On ne peut pas avancer si on ne se fait pas plaisir de temps en temps. C'est ce qui fait que l'on est heureux. »

Inspiration

« Toutes les personnes que je rencontre m'inspirent. Les livres aussi. J'adore la lecture. Même mes enfants sont des amoureux de lecture. Les livres peuvent nous modeler comme personne. J'ai lu le livre *La Prophétie des Andes, de James Redfield,* un livre qui a eu une grande influence sur mon attitude et sur ma vision. J'ai compris que rien n'arrive par hasard dans la vie. »

Ingrédients d'une intégration réussie

« Parfois, on prend une décision et, plus tard, on comprend qu'elle n'était pas la meilleure, mais on apprend quand même quelque chose : il faut apprendre de ses expériences.

Ma recette : par rapport à mon expérience, pour réussir, il faut toujours continuer de s'instruire, s'entourer de gens heureux et surtout cultiver une attitude positive en faisant les choses qui nous rendent heureux avec professionnalisme. »

Une phrase inspirante

« La vie ne se mesure pas par le nombre de souffles, mais par les moments qui nous coupent le souffle. »
Une phrase qui m'a beaucoup inspirée dans ma vie !

Pour des conseils éclairés dans le domaine de l'immobilier, retrouvez madame Paulina Zamfir sur : Remax-Québec.qc.ca **ou** http://paulinazamfir.com/

Points de réflexion !
La passion pour sa profession
Le besoin d'aider
Les relations
interpersonnelles

Informez-vous !

- Club d'investisseurs immobiliers du Québec. <http://www.clubimmobilier.ca/> (consulté le 19 février 2017)
- Cose. Comment améliorer ses relations interpersonnelles au travail. <http://www.cose.ca/formations/ameliorer-ses-relations-interpersonnelles-au-travail/> (consulté le 19 février 2017)
- Emploi Québec. Orientation scolaire et professionnelle. <http://www.emploiquebec.gouv.qc.ca/citoyens/faire-le-bon-choix-professionnel/explorer-un-metier-ou-une-profession/orientation-scolaire-et-professionnelle/> (consulté le 19 février 2017)
- Université de Montréal. Relations interpersonnelles. <https://admission.umontreal.ca/cours-et-horaires/cours/psy-1951/> (consulté le 19 février 2017)
- UQAM. Certificat en immobilier. <https://etudier.uqam.ca/programme?code=4555> (consulté le 19 février 2017)

Turquie. Faits saillants
(données 2011)

Taille de la communauté :
14 180 personnes
Localisation :
93 % dans la région métropolitaine de recensement de Montréal
68,5 % dans la région administrative de Montréal
À Montréal :
15,5 % Villeray-Saint-Michel-Parc-Extension
12,6 % Montréal-Nord
11,4 % Saint-Léonard
10 % Côte-des-Neiges-Notre-Dame-De-Grâce
9,6 % Ahuntsic-Cartierville
Profil linguistique :
80,65 % parlent français
66,8 % anglais
53,3 % français et anglais
27,2 % uniquement le français
Profil socio-économique :
6570 personnes — population active
53,4 % taux d'emploi, inférieur à celui de l'ensemble de la population (59,9 %)
12,7 % taux de chômage contre 7,2 % à l'ensemble du Québec
38 991 $ revenu moyen, supérieur à celui de l'ensemble de la population (36 352 $)

Source :
Immigration, Diversité et Inclusion Québec. *Portrait statistique de la population d'origine ethnique turque recensée au Québec en 2011 http://www.quebecinterculturel.gouv.qc.ca/publications/fr/diversite-ethnoculturelle/com_turque_2011.pdf (consultée le 24 janvier 2017)*

**Rahsan Erdogdu,
Pharmacienne et
propriétaire associée Pharmacies
Jean Coutu,
à Montréal depuis 1996**

Le livre qui l'inspire

L'alchimiste,
de Paulo Coelho

« Osez ! »

J'ai rencontré madame Erdogdu, quelques années avant cette entrevue, à la pharmacie Jean Coutu. Elle a attiré mon attention par sa patience et par le professionnalisme avec lequel elle conseillait ses patients.

Citoyenne canadienne, née en Turquie, dans un petit village près de la capitale, Ankara, Rahsan Erdogdu a accepté ma proposition et m'a accueillie à son bureau à Montréal.

En 1996, avec un diplôme de licence et une année de niveau maîtrise terminée en Pharmacie, de l'Université d'Ankara, Rahsan décide de suivre sa famille déjà établie à Montréal. « C'était le rêve d'aller vivre dans un pays plus développé, plus prospère. »
Ayant terminé ses études la première de sa promotion, arrivée au Québec, Rahsan constate que son diplôme n'est pas reconnu. Elle fait une demande d'évaluation des études auprès de *l'Ordre des pharmaciens du Québec et auprès du Bureau des examinateurs en pharmacie du Canada (BEPC) (http://www.pebc.ca/index.php/ci_id/4910/la_id/2.htm)*.

On la conseille de prendre des cours afin d'obtenir le droit de pratique au Québec.

Pour étudier, il fallait connaître les langues officielles au Québec.

« J'avais des connaissances de base en anglais, mais je ne parlais pas du tout le français. » Pendant neuf mois, elle étudie le français et commence à travailler dans une usine manufacturière, comme commis. Au bout de 2 ans, elle décide de suivre des cours en Technique de laboratoire, à *l'École des métiers Faubourgs de Montréal.* *(http://ecole-metiers-faubourgs.csdm.ca/programmes/assistance-tech-pharmacie/).* Elle se fait embaucher comme technicienne de laboratoire.

L'importance des relations professionnelles et du réseautage

Avec une formation en pharmacie, madame Erdogdu gagne rapidement la confiance des professionnels du milieu et y reste pendant 4 ans. Elle garde le contact avec une ancienne collègue de l'École des métiers qui lui fait part d'une opportunité à l'Hôpital Notre Dame (*http://www.chumontreal.qc.ca/aller-au-chum/hopital-notre-dame*). Rahsan participe au processus d'embauche et obtient le poste, tout en gardant une collaboration avec les pharmacies.
«J'appréciais le contact avec les patients, leur reconnaissance, c'était gratifiant. »

Des questionnements et la prise de décision

En 2002 elle fait un voyage en Turquie et ce fut un choc culturel. C'est le moment où elle décide que c'est à Montréal qu'elle veut vivre et poursuit les démarches auprès de *l'Ordre des pharmaciens.* Tout en gardant son travail à temps partiel, elle étudie, pendant trois ans, à la *Faculté de pharmacie, de l'Université de Montréal* (*http://pharm.umontreal.ca/accueil/*- et obtient le droit de pratique en 2008).

Quand l'ancien propriétaire décide de vendre, madame Erdogdu et sa collègue décident de saisir cette opportunité et elles deviennent pharmaciennes-propriétaires associées des pharmacies Jean-Coutu en 2013.

La réussite n'est pas le résultat du hasard

Ce qui l'a motivée dans son parcours a été l'amour pour la profession et le contact avec les patients. Elle tient à remercier le chef de pharmacie de l'hôpital Notre Dame, pour ses conseils et ses encouragements afin qu'elle puisse continuer ses études et pratiquer sa profession. De plus, la formation continue est très importante pour elle : « Dans notre domaine, la formation continue n'est pas une obligation, mais une responsabilité, car le domaine médical change beaucoup. C'est une responsabilité du professionnel, par respect de soi-même et par respect du patient. Il faut s'informer, trouver la bonne réponse pour ses patients. »

Ses conseils pour une intégration réussie

La détermination, la volonté et bien s'entourer. « Une fois que vous décidez de rester ici, il faut faire les démarches pour réussir, car, au Québec, on peut réussir ! Il y a beaucoup d'ouverture, c'est une société accueillante, il y a beaucoup de diversité, des gens venus de tous les coins du monde, c'est agréable de vivre ici ! »

Une phrase qui vous inspire ?

« Osez ! »

Montréal, 16 avril 2016

Points de réflexion !
Le retour aux sources
La réussite professionnelle
L'audace

Informez-vous !

- Association québécoise des pharmaciens propriétaires. <http://www.monpharmacien.ca/> (consulté le 05 février 2017)
- Bureau des examinateurs en pharmacie du Canada (BEPC) <http://www.pebc.ca/index.php/ci_id/4910/la_id/2.htm> (consulté le 05 février 2017)
- Collège Herzing. Assistance technique en pharmacie. <http://www.herzing.ca/fr/montreal/landing/assistance-technique-en-pharmacie/?mid=18267&gclid=CMaX-YKg-tECFQiBswodE_8PZA> 9consulté le 05 février 2017)
- Emploi en Pharmacie. <https://emploienpharmacie.com/offres.php> (consulté le 05 février 2017)
- Ordre des pharmaciens du Québec. <https://www.opq.org/> (consulté le 05 février 2017)

Chili. Faits saillants
(données 2011)

Taille de la communauté :
12 215 personnes
Localisation :
87,8 % dans la région métropolitaine de recensement de Montréal
50,9 % dans la région administrative de Montréal
23,7 % Montérégie
10 % Laval
À Montréal :
14,9 % Rosemont–Petite-Patrie
10,8 % Villeray-Saint-Michel-Parc-Extension
9,3 % Plateau-Mont-Royal
8,9 % Côte-des-Neiges–Notre-Dame-de-Grâce
Profil linguistique :
95,5 % parlent français
53,2 % anglais
51 % français et anglais
44,5 % français seulement
Profil socio-économique :
6535 personnes — population active
65,6 % taux d'emploi contre 59,9 % ensemble du Québec
9,4 % taux de chômage supérieur à l'ensemble du Québec (7,2 %)
30 680 $ revenu moyen, inférieur au revenu moyen de l'ensemble de la population (36 352 $)

Source :

Immigration, Diversité et Inclusion Québec. *Portrait statistique de la population d'origine ethnique chilienne recensée au Québec en 2011 <http://www.quebecinterculturel.gouv.qc.ca/publications/fr/diversite -ethnoculturelle/com-chilienne-2011.pdf_> (consultée le 24 janvier 2017)*

Sergio Gutierrez,
artiste en arts visuels,
fondateur de l'Association des Artists
en Arts Visuels du Nord de Montréal
(2007),
à Montréal depuis 1987

1987 au Chili… les années Pinochet

o Le général Pinochet Ugarte Augusto
   (1915-2006) instaure la dictature, qui
   dure de 1973 à 1990.

Source : Olivier Compagnon, « Pinochet
Ugarte Augusto - (1915-2006) »,
ENCYCLOPÆDIA UNIVERSALIS [en
ligne], consulté le 7 février 2017.

« Il n'y a pas de hasard. »

IS : Qui êtes-vous ?

SG : Une telle question me remet toujours en question. Qui suis-je? Je suis un artiste en arts visuels d'origine chilienne qui s'est développé dans le Nord de Montréal, Montréal-Nord, plus spécifiquement. Je fais plusieurs formes d'art : sculpture, montage, peinture, photographie, installation et projets, avec un intérêt pour les projets communautaires.

Quand j'étais à l'école, j'étais fasciné par les arts plastiques. Au Chili, j'ai eu la chance d'étudier dans une école d'art dans la ville où j'habitais : l'*École des beaux — arts de Viña del Mar*, un endroit magnifique, une école à l'intérieur d'un parc naturel, d'architecture baroque.

IS : Comptez-vous ouvrir une école de beaux-arts à Montréal-Nord ?
SG : Tous les projets sont possibles…

Je suis tombé en amour avec ma femme. Un artiste, ce n'était pas bien vu, dans le sens de gagner sa vie.
Alors, je me suis dirigé vers le design publicitaire — dans un institut privé — dans le but de faire de l'argent.

L'art, c'est une passion que je considère très intimiste. Dans une famille, ça peut créer des problèmes d'ajustement. C'est quelque chose qui nous accompagne toute la vie. Les artistes, on est reconnus pour ne pas s'ajuster au concept social, sans être antisocial, mais on a des idées rocambolesques.

J'ai quitté le Chili en 1987, pour différentes raisons politiques. J'étais très jeune pour ressentir les effets directs. Moi, en tant qu'artiste, je ne pouvais pas m'exprimer. Le manque de liberté, ne pas pouvoir s'exprimer, c'est le pire que peut arriver à un artiste.

J'ai trois filles. Ma femme avait sept mois de grossesse avec la deuxième fille. On a vécu un drame. À cause de la grossesse, elle n'a pas pu quitter le pays. Je suis parti tout seul. Je pensais que ça va prendre quelque mois, mais ça nous a pris cinq ans pour nous retrouver.

Quand je suis arrivé ici, j'avais le choix de rester ou de quitter pour toujours. Les papiers, en tant que réfugié, ça a pris énormément de temps. J'ai parlé aux médias, je suis passé à la télé à l'époque.
Après cinq ans, ma femme et nos filles sont arrivées ici.

Un parcours pas comme les autres

Les premières années, j'étais seul ici, je ne parlais pas un mot en français. Quand je lisais, je comprenais 80 %. Ça m'a aidé. Aussitôt que je suis arrivé, j'ai voulu contacter quelqu'un du gouvernement pour trouver un emploi, alors j'ai commencé à mémoriser quelques phrases. Je me suis rendu au comptoir de l'accueil et j'ai dit mes phrases étudiées à l'avance, ça m'a permis de passer voir un agent d'Emploi Québec ; quand il a commencé à me parler, il s'est rendu compte que je ne comprenais rien. Il a contacté l'accueil et la fille lui a dit que je m'exprimais très bien, une fois démasqué, l'agent m'a dit qu'il avait apprécié mes efforts. Alors il m'a référé au COFI pour des cours de français.

Quand je suis arrivé ici, j'ai été réduit à la survie : manger, vivre.

Je dis tout le temps que j'ai vécu la solitude : le fait de te sentir seul, même si tu es entouré des gens et plein d'activités.
Socialement, j'ai commencé à m'intégrer avec le début des cours de français. Le but du cours, c'était d'intégrer socialement les immigrants. J'ai suivi des cours de français pendant deux ans, c'était assez complet. J'ai ensuite pu trouver un emploi dans le domaine de la publicité.

Pendant mon absence, ma femme a toujours parlé aux filles de leur père. La correspondance se faisait par des lettres. J'ai vu les enfants en photos seulement. Quand elles sont arrivées ici, elles se sont intégrées rapidement. La petite avait 5 ans et la grande, 6 ans. J'avais acheté leurs habits d'hiver, car elles sont arrivées en hiver; le lendemain, elles jouaient avec les autres enfants comme si elles connaissaient la langue.
C'est incroyable ! C'est ce que j'admire chez les enfants. Malheureusement, nous perdons, une fois adultes, cette capacité de

connexion instantanée. Moi, en tant qu'artiste, j'ai encore cette opportunité par le langage des arts.

Au niveau familial, nous venons d'une culture ou les enfants sont très protégés.

Au début, je leur demandais d'aller se coucher, mais elles regardaient leur mère, car elles n'étaient pas encore habituées avec leur papa.

C'est assez fort de passer… mettons… un jeudi soir, tu es seul, et le lendemain, tu es marié avec 2 enfants.

Pour ma femme, ce n'était pas facile. Elles ont commencé à étudier, mais moi, je les aidais beaucoup.

On a un très bon ami qui nous a quasiment parrainés. J'avais créé un cercle social, des amis avec des enfants. Cet ami et sa femme nous ont aidés à nous intégrer. J'avais aussi un ami québécois qui nous a beaucoup soutenus quand ma femme et mes filles sont arrivées. Ça prend beaucoup d'efforts, même si on essaie d'avoir le maximum de facilités, les conséquences du déracinement sont très lourdes. **Il y a des questionnements tous les jours. C'est un gros changement.**

Je me rappelle quelque chose de très marquant. Avant que ma femme arrive, un agent d'emploi m'a donné des références pour deux emplois — un restaurant et une entreprise d'emballage. Pour moi, un ou l'autre, c'était pareil. J'ai reçu les deux appels presque au même moment.

J'ai choisi le restaurant, car c'était un restaurant espagnol. L'autre était très intéressé, mais j'avais déjà dit oui, c'était une question de principe. C'est pour ça que je me questionne : le deuxième employeur était-il intéressé par ma profession ? Qu'est-ce qu'il aurait pu m'offrir ?

Je me suis toujours posé la question qu'est-ce qui aurait pu se passer si j'avais choisi l'autre emploi ?

Quand je suis arrivé ici, j'avais une adresse, la *Maison de l'amitié*, qui n'existe plus. C'était sur la rue Duluth. Alors, de l'aéroport, j'ai pris un autobus et j'ai marché de la Place Bonaventure jusqu'à la rue Duluth. Sur la carte, cela ne paraissait pas si loin. Il y avait de la neige. J'étais bien habillé, mais pas assez pour cet hiver-là. Je suis arrivé presque en état d'hypothermie et ils m'ont offert la meilleure soupe au monde que je n'oublierai jamais.

Comme artiste, je n'ai jamais arrêté ; à un moment donné j'ai eu un emploi, dans un stationnement d'hôtel, je n'avais pratiquement rien à faire, juste surveiller les lieux. Huit mois, vraiment productifs, car j'ai dessiné. J'ai parlé à mon patron, je lui ai expliqué que j'étais artiste peintre. Avant de partir, il m'a demandé si je pouvais lui montrer ce que j'avais travaillé. Je faisais du pastel.
Il m'a invité à faire une exposition dans un hall de l'hôtel. Je me suis considéré très chanceux. C'était ma première exposition.

Un autre coup de chance, un autre patron, cette fois moins correct. Je travaillais dans une pizzeria et il nous exploitait avec des salaires et des conditions minables. Quand il a su que j'avais travaillé dans le milieu de la publicité dans mon pays, ce proprio m'a demandé si je pouvais lui faire une pancarte. Je lui ai répondu que je n'avais pas les matériaux nécessaires pour le faire. Alors il m'a amené chez *De Serres*. Il m'a donné 200 $, somme qui n'était pas banale à l'époque. Quand j'ai traversé la porte chez *De Serres*, c'était un moment très intense pour moi. Je n'avais jamais vu autant de matériaux artistiques ensemble.
J'étais assez intelligent à ce moment pour acheter des matériaux pour la pancarte, mais aussi d'autres matériaux que je pouvais utiliser pour moi plus tard. Il m'a permis de garder tout. C'est avec tout cela que j'ai commencé à travailler en infographie. J'ai pris quelques contrats et, avec un ami, nous avons fondé une compagnie ; j'ai ensuite créé une autre compagnie, en solo.

J'ai toujours fait de l'art, même si j'avais d'autres emplois… j'ai fait un peu de sculpture avec des matériaux recyclés, ce qui est à la mode aujourd'hui, mais qui était un besoin pour moi à l'époque. Je recyclais des choses.

J'ai commencé à travailler avec *Âme Art* sur la rue du Parc, j'ai été président du Conseil pendant 5 ans. À Montréal, j'ai développé mon aspect collectif, communautaire. Au Chili, je n'ai pas senti ce besoin, mais ici, c'était mon école, la collectivité.

Quand je suis arrivé dans cet organisme, c'était un organisme formé pour des femmes artistes, créé par YMCA ; plus tard, il s'est ouvert à d'autres artistes, femmes et hommes. Très petite galerie. À l'époque, je voulais aller plus loin. Les administrateurs n'étaient pas d'accord, alors, j'ai quitté. Pendant 2 ans, je n'ai rien fait. En 2006, je suis allé à la Maison culturelle et communautaire de Montréal-Nord pour présenter mon dossier pour une exposition. La personne responsable n'était pas présente, mais j'ai rencontré quelqu'un qui m'a demandé : es-tu un artiste ? Oui, et toi ? Oui, il m'a dit : es-tu intéressé à connaître d'autres artistes ? Et, voilà, j'ai assisté à la première réunion.

Il y avait une femme qui voulait démarrer un projet avec plusieurs formes d'art : musique, théâtre, danse, etc. J'ai participé à quatre séances, mais il y avait juste des artistes en arts visuels. Alors, on s'est détachés de ce mouvement et j'ai organisé une première réunion dans mon atelier. On était 11, tous des artistes de Montréal-Nord.

En 2006 j'ai créé le groupe qui se nommait « Les peintres de Montréal-Nord ».

Rapidement on a commencé à avoir des demandes d'autres artistes qui n'étaient pas des peintres. Humblement, une de mes forces c'est d'avoir une vision à long terme, alors j'ai proposé le nom *Artistes en Arts Visuels du Nord de Montréal*, afin de ne pas être limité par un arrondissement ou un secteur. On s'est enregistrés et on a fondé l'organisme en septembre 2007.

« Le hasard n'existe pas. » Cette phrase m'a toujours marqué.

Pendant tous ces ans, j'ai connu des gens formidables.

C'est une passion partagée. Je présente une idée, ils embarquent. Il y en a qui ajoute des idées. C'est un système collectif vraiment. On s'ajuste. On accepte les idées. On est très ouverts. Il y a un côté positif et un autre moins positif, que je n'aime pas nommer négatif.
Dans ce système, on ne va jamais mettre personne dehors. Ceux qui quittent, ils quittent de leur propre gré. Soit parce que c'est trop demandant, soit ils ont d'autres projets. Il y a toujours un groupe qui travaille très fort et d'autres qui vont finir par quitter. Ce sont des réalités avec lesquels nous devons vivre.

Conception et développement de projets

Nous sommes allés par des étapes qui sont très concrètes : au début, il fallait solidifier la base de l'organisme. Le but, les objectifs. À ce moment du processus on n'acceptait pas de membres, car on avait besoin de temps pour solidifier la base. On ne s'attendait pas que ce soit autant de monde qui veut s'inscrire. Ce sont des moments qu'il faut respecter. C'est ce qui donne une solidité et une vitesse rapide, mais efficace. On n'a pas 10 ans encore et on est comparés avec des organismes qui ont 20 ans — 30 ans.

On se prépare pour recevoir de nouveaux membres, artistes désireux de s'exprimer, c'est très difficile d'encadrer la passion, il faut donner le maximum de liberté aux artistes tout en gardant un cadre. Ce n'est pas comme avoir un travail de 9 à 5, ça ne fonctionne jamais comme ça. C'est la passion pure.
Aujourd'hui, on est préparés pour un peu de changement. On doit faire une grande restructuration. Jusqu'à ce jour, on n'a jamais fait de différence : on a des membres professionnels, semi-professionnels et débutants. Quand vous rentrez ici, vous ne voyez pas la différence entre les uns et les autres.

On a commencé à nous préparer. On est autonomes dans notre façon de fonctionner. On a fait l'acquisition des chapiteaux, chaises, tables, système de son, on les a acquis avec le temps, pour développer notre autonomie. On est prêts à partir vers l'extérieur. On vise les contacts avec les écoles, créer des programmes avec les écoles du secteur et d'ailleurs. Ça rentre dans notre programmation, on vise à inviter les créateurs d'événements à participer avec nous, on vise à faire des soirées de réseautage avec la *Chambre de commerce*, les cégeps, les universités, les inviter ici, pour échanger, pour nous faire connaître. Je sais qu'il y a une bonne réceptivité de la part des cégeps. On a toujours eu la collaboration des institutions de l'arrondissement, la *Caisse Desjardins*, la mairie. Il faut mentionner le monde qui croit. Nous, on reconnaît toujours cette collaboration.

L'exposition de Pablo Neruda. Le hasard n'existe pas.

J'avais programmé un voyage au Chili. Monsieur Frantz Benjamin, qui est le président du Conseil municipal de la Ville de Montréal, il est un poète très intéressé par Pablo Neruda, alors, avec l'*Association des Chiliens*, il a proposé d'organiser une expo. Il avait besoin de quelqu'un qui pouvait réaliser tout ça. Comme j'avais déjà programmé un voyage au Chili, ça a un peu accéléré le processus, parce que je suis allé en entrevue avec le Gouvernement chilien, avec le Ministère de la Culture.

Avec la fondation Pablo Neruda au Chili, j'ai négocié et ils ont collaboré avec des photos libres de droits pour pouvoir les exposer ici. Finalement, on a décidé d'exposer à l'Hôtel de Ville. Je fais très souvent des choses comme ça, je prépare le concept de l'exposition, c'est quelque chose que j'adore. Il fallait s'adapter à l'architecture de l'Hôtel de Ville.

Il y a eu peut-être une dizaine de représentants des gouvernements de différents pays qui sont venus visiter et j'ai eu aussi l'idée d'intégrer les Artistes en arts visuels ; j'ai demandé aux Artistes de s'inspirer des poèmes de Pablo Neruda, leurs réalisations ont été exposées avec le reste de l'exposition.

Les représentants chiliens ont découvert une belle surprise. L'ambassadeur du Chili m'a écrit qu'il fait des démarches pour que l'exposition soit transférée à Ottawa. Probablement en début de 2017. C'est une réussite. C'est la même chose pour l'expo sur les droits de la personne. C'est moi qui suis responsable de la conception.

Créer les concepts d'une exposition c'est toujours de la création. Je suis toujours entre des mondes différents, entre l'administrateur d'une compagnie d'infographie, l'artiste en arts visuels et l'administrateur de l'organisme sans but lucratif. Je fais beaucoup d'activités à l'extérieur de Montréal-Nord, aussi, par exemple, l'Hôtel de Ville de Saint-Michel, l'UQAM, etc.

Une anecdote : je suis arrivé à l'Hôtel de Ville pour l'exposition de Pablo Neruda et la responsable culturelle était un peu inquiète parce qu'elle faisait affaire avec un organisme peu connu ; quand je suis arrivé le dernier, ça m'arrive souvent d'être le dernier arrivé (sourire), elle me demande : tu es dans le dossier ? *Oui, je suis dans le dossier*, j'ai répondu. Alors, là, elle dit : *ah, parfait, alors, on peut commencer*. La raison, c'est qu'on avait déjà travaillé ensemble et que nous avions créé des liens donc, les contacts humains sont très importants. Aujourd'hui, on peut simplement envoyer un courriel, mais je préfère me déplacer. **Les contacts humains sont irremplaçables.** Je ne peux pas transmettre ma passion, en envoyant un dossier à distance sans créer un contact quelconque.

Par exemple, ici, dans l'organisme, il y a des gens qui rentrent avec leurs idées, ils comprennent comment ça fonctionne et ils s'adaptent ou ils partent.

L'importance des relations humaines

Le contact humain est super-important, surtout dans notre milieu. Je suis d'accord avec les avancés de la technologie, mais on perd beaucoup aussi quand on délaisse le côté humain.

IS : Un conseil pour les nouveaux arrivants ?

SG : Je dirais à tous qu'il faut croire, car c'est une sorte d'armure. C'est évident qu'il y a toutes sortes de difficultés quand on arrive ici. Surtout avec ceux qui sont habitués avec un certain statut social et puis, **ils arrivent ici et sont perçus comme des personnes démunies intellectuellement seulement parce qu'ils ont de la difficulté à s'exprimer.** Alors, le conseil, il faut croire. Il ne faut pas avoir peur de mettre de côté le monde négatif. Quand on croît, on peut passer à travers tous les défis.

J'ai déjà quitté des réunions, dans lesquelles les organisateurs voulaient créer des projets, mais mettaient devant toutes les difficultés, pas de budget, on n'est pas sûrs de ci, on n'est pas sûrs de ça, je leur ai dit : *excusez-moi, je me retire, vous m'invitez dans des projets dans lesquels personne n'y croit, alors ça ne fonctionnera pas.*

En étant immigrant, quand on arrive ici, si on ne connaît pas la langue, on va finir par la connaître, si on n'a pas d'études, on va finir par les avoir, c'est une société de possibilités. Ça dépend de nous, dans le fond. Si on travaille fort. Je disais à un jeune au cégep, qui m'a dit : mais vous ne savez pas. J'ai dit : oui, parce que je suis né en 1987.
Tout ce que je savais avant mon arrivée ici ne servait plus à rien. J'ai commencé ma vie en 1987. Je suis où je suis rendu grâce au travail.

Réussir son intégration

Pour réussir, il faut connaître le milieu, faire des recherches, par exemple, le Québec, c'est une identité différente de l'ensemble du Canada, on ne peut pas faire abstraction de ce détail hyper important. Il faut vraiment connaître les différences, ce n'est pas juste une question de langue, c'est beaucoup plus que ça. Connaître la langue. Je parle humblement l'espagnol et le français, l'anglais je peux comprendre et parler un peu.

Je vais vous raconter une anecdote : je parlais avec un anglophone dans une rencontre d'amis et mes copains m'ont dit *: tu ne nous as jamais dit que tu parlais l'anglais* ; j'ai répondu : *mais, je ne parle pas l'anglais, mais ça doit être à cause du vin.* ☺

C'est la différence avec les enfants : les enfants parlent sans penser à ce que les autres vont penser d'eux ; il n'y a pas d'autocensure. Les adultes se font beaucoup d'autocensure. Moi, comme artiste, ça m'affecte énormément. Un autre exemple de censure qui affecte les artistes : on ne peut pas prendre de photos en public et juste le fait d'être dans un restaurant et regarder une femme ou une fille et apprécier sa beauté, comme artiste, il faut faire attention, il ne faut pas regarder parce que ce n'est pas permis. Ce sont des restrictions qui vont très loin. On parlait tout à l'heure... et toutes ces restrictions sont néfastes. Une fois, je me promenais avec une caméra photo dans un parc pour un concept que je réalisais et une fille a dit à son amie : *fais attention, il y a un vieux cochon qui prend des photos !* Et ça m'a vraiment frappé. C'est la vision de la fille qui m'a dérangé. D'ailleurs, je me suis dirigé vers la fille et je lui ai expliqué : *je travaille sur un projet, je suis artiste en arts visuels et je prends des photos.*

Mais je suis convaincu que ces filles ne croient pas vraiment, ce sont des choses qui leur ont été inculquées soit par l'école, soir par les parents. Je ne dis pas promènes-toi librement sans faire attention, mais sans avoir de préjugés. Je me suis rendu compte qu'on voit ça un peu partout. C'est grave !

Ma femme a une garderie en milieu familial. Je me suis rappelé, la première fois quand ils sont venus, le gouvernement, ils nous ont fait passer des entrevues pour s'assurer que les enfants sont bien, pas de danger, je trouve ça super bien, mais la façon dont la fille au parc a parlé, ça m'a vraiment dérangé, on parlait comme si j'étais un prédateur sexuel. Je lui ai dit : *je ne vous connais pas et je ne peux pas vous juger, mais vous n'avez pas le droit de me faire sentir comme ça.* Elles ne me connaissaient pas non plus.

Tu connais les préjugés. Tu sais c'est quoi Montréal-Nord. L'image qu'on transmet à l'extérieur. Changer l'image de Montréal-Nord, c'est partagé par plusieurs leaders et par plusieurs organismes de Montréal-Nord. Je suis allé présenter les projets pour le 375e de Montréal et, quand j'ai pris le micro, j'ai fait une blague : moi, je suis le dernier survivant de mon arrondissement.

Tout le monde s'est mis à rire. Ils trouvaient ça drôle. Mais si je fais cette blague à Rosemont ou à Outremont, le monde se pose des questions. C'est vrai que c'est une des raisons pour lesquelles on s'est impliqués collectivement.

Pour changer l'image, il faut faire des choses énormes.

Ton initiative, mon initiative, l'initiative de l'autre, ça va changer et il faut se mettre ensemble. Ça prend beaucoup de temps, des années et des années.

Je dis toujours à mes filles qu'ici, c'est un pays de possibilités et ce que je dis toujours à mes élèves, ça prend 10 % de talent et 90 % de travail. Je crois vraiment à ça. Il faut s'investir. Ici, il y a beaucoup de travail. Des fois, je me dis qu'on n'est pas toujours conscient du travail à faire.

Alors, quand un être humain décide de s'impliquer, il va réussir : sa vie, sa famille, etc.

Ce qui me motive, c'est le lien.

En tant qu'artiste en arts visuels, je crois en la communauté. Je me suis déjà fait poser la question : *quel est le rapport avec les arts ? il faut parler des besoins de base, manger, etc.* Ma réponse fut : *vous vous trompez à 180 %, les artistes ont un rôle très important ! La beauté peut sortir quelqu'un de ses difficultés.*

Quand on fait ce que l'on aime, on oublie de manger, parce qu'on aime ce que l'on fait. Mais si je suis en train de faire quelque chose que je n'aime pas… par exemple, le fait de montrer aux enfants en difficulté qu'il existe d'autres choses, qu'il faut rêver, quelque chose qui leur permet de sortir de leur réalité, de voir plus loin… Il y a beaucoup de citoyens qui sont en difficulté qui commence à croire qu'ils ne vont jamais pouvoir s'en sortir.

Quand on fait des activités comme le *Symposium d'Arts*, les festivals, je suis conscient qu'avec les initiatives, on est en train de changer quelque chose.

Donner à un enfant la possibilité d'exposer à côté d'un artiste, c'est lui offrir quelque chose qui n'existait pas pour lui avant.

Un citoyen qui se sent accueilli par des artistes, qui sent qu'il peut leur parler, les consulter, c'est une valeur inestimable.

Transmettre la passion pour l'art et le partage avec la communauté, avec les autres. Je suis en train de faire un travail social et je suis conscient de ça. Si je découvre par hasard que c'est inutile, je vais aller travailler comme assistant social. Mais je crois que, en tant qu'artiste en arts visuels, je crois qu'on peut aider les autres. Un idéaliste. ☺

IS : Une phrase qui vous inspire ?

SG : Phrases dans lesquelles je crois vraiment :

Minimum de talent et un maximum de travail.

Le hasard n'existe pas, juste des rendez-vous. ☺

Ma vie est conçue comme ça. Chaque jour je connais quelqu'un qui amène quelque chose d'important dans ma vie. Je suis conscient de ça.

IS : Une personne inspirante ?

Luis Sepulveda, mon oncle.
J'ai rencontré des gens qui m'ont inspiré, pas nécessairement des artistes, mais d'autres milieux, qui m'ont aidé à continuer. Je viens d'une famille de religion catholique. Luis Sepulveda était mon parrain de confirmation. Il n'était pas un croyant, il n'était pas un religieux. Il faisait des blagues. Dans la communion, le curé touche le visage de chaque enfant, comme une petite frappe. Luis, il disait à la blague, si lui il te touche, il va avoir affaire avec moi. On sortait avec la famille le soir et il inventait des choses, par exemple un de mes frères devient invisible et mon frère s'est mis à pleurer, car il ne voulait pas être invisible.
Il était marié à une femme autochtone. Sa femme ne l'a jamais accompagné dans sa vie sociale, car elle n'était pas acceptée par la société. Il participait à plein de cocktails. Il a réussi à vivre avec cette dualité. Il était une autorité, mais il a gardé son côté libre. Il était quelqu'un qui, brièvement, m'a accompagné. J'ai eu un frère qui est décédé très jeune, à 7 ans, moi j'avais 11 ans. Il a toujours été proche de ma famille. Il est décédé entre-temps, je ne l'ai jamais revu, après mon départ. Sa femme est décédée une semaine après lui sans être malade !

Je crois qu'il y a plusieurs facettes à l'intégration dans une société.

Pourquoi je le nomme, car il est une personne vraiment importante dans ma vie.

Je me sens très touché par son vécu. Cette obligation d'être intégré dans la société et, en même temps, garder sa liberté. Je pense que, d'une certaine façon, il a réussi. Il n'a jamais su qu'il a eu un tel impact sur moi.

La liberté, ma liberté c'est quelque chose de très important. On parle de liberté et on ne sait pas de quoi on parle exactement. Je crois que l'on comprend la liberté quand on nous enlève la liberté. Je suis venu d'un lieu où la liberté était brisée. Je n'ai pas vécu des choses comme la torture, mais je suis capable de voir quelque chose qui ne peut pas être vu de la même manière par quelqu'un qui a toujours vécu dans un pays occidental. Dans ma réalité, j'ai rencontré ce manque de liberté, voilà cette soif de liberté qui m'a mené à un travail qui n'est pas un travail de 9 à 5. Moi, j'ai choisi cette liberté et je n'accepterai jamais qu'on me dise ce que je dois faire de ma vie. J'accepte certains compromis, mais de là, à aller à l'encontre de ma vision, de mon système, de mes valeurs, jamais.
C'est un peu différent vivre avec un artiste. Ma femme, qui a un rôle très important dans la famille et dans ma vie, est consciente de cette liberté.

J'ai des amis qui se demandent encore si je suis chilien ou québécois. J'ai déjà répondu à quelqu'un dans une réunion : je suis québécois. Je me suis dit : si moi, je n'y crois pas, personne ne va pouvoir me définir. Je fais partie du Conseil d'administration de la Caisse Desjardins et, lors d'une de ces rencontres, on a fait le tour de table pour se présenter et, comme j'ai un nom qui est différent, quelqu'un m'a dit : tu n'es pas québécois, toi !
Et là, j'ai répondu, ça m'a vraiment touché cette affirmation, alors, je lui ai répondu : écoutez, je suis très impliqué dans la société québécoise, je dirige un organisme, je fais partie du Conseil d'administration des Caisses Desjardins et j'ai monté beaucoup de projets, maintenant c'est à vous de décider si je suis québécois ou pas. Il y a eu un silence, personne ne parlait, parce que c'était une réponse extrêmement forte, il s'est excusé, en disant : je m'excuse,

c'est impertinent comme approche, je n'aurais pas dû dire ça !

Dans des rencontres avec le gouvernement pour divers projets, j'explique l'importance de ne pas mettre des étiquettes, c'est très nocif, très nocif, mettons, quand tu me poses la question, êtes-vous citoyen canadien, oui, je suis canadien, je considère que, personnellement, j'aurais pu m'adapter à n'importe quel lieu. Je ne vis pas une sorte de patriotisme, pour dire, je suis chilien.

Dans le cas des Chiliens, j'ai détecté trois sortes d'immigrants : l'immigrant qui habite chez lui avec toutes les habitudes du Chili, il écoute les nouvelles de Chili, il a apporté le Chili chez lui, il est très au courant de la politique au Chili, du soccer, mais il n'est pas au courant de ce qui arrive dans sa réalité d'ici.

Le deuxième est celui qui fait tout le contraire : il a tout enlevé du Chili, il a oublié l'espagnol, maintenant il parle français, anglais, et ses enfants ne parlent pas l'espagnol du tout et, chaque fois qu'on parle de Chili, il dit toujours, mais non, ce pays-là, ça ne va pas. C'est l'autre extrême.

Et il existe l'équilibre parfait, celui qui va aller chercher la richesse de ces deux sociétés et qui va vivre avec cette richesse. Les enfants parlent différentes langues, ils apprennent à apprécier différentes cultures. C'est, pour moi, l'équilibre parfait.
Je rentre chez quelqu'un et je sais quel genre d'immigrant il est.

Projets

Cette galerie n'est pas une galerie commerciale. C'est une galerie administrée par les artistes. La porte est ouverte, on charge moins cher, on pourrait mettre un paquet de règles qui empêcheraient tout le monde d'y entrer, mais ça irait à l'encontre de mes principes. Aux symposiums d'art, on ne charge pas aux artistes, on va aller chercher de l'argent ailleurs.

On s'est déjà fait demander des frais d'inscription, pourtant c'est nous qui amenons la peinture et les chevalets et tout. Il y a une contradiction. Ce sont des choses que je veux corriger absolument.

On va commencer à s'impliquer plus dans les relations publiques, le développement des partenariats avec les compagnies privées.

Les trois premières années, c'était de l'investissement personnel, du travail bénévole. Je n'ai jamais vu un dollar. Pourquoi je dis ça, parce que je crois qu'il faut que le monde sache qu'on ne peut pas commencer quelque chose dans lequel on croit en disant, écoute, j'ai un bon projet j'y crois, il faut que tu me paies tant. Ça ne fonctionne pas comme ça. Parce qu'il faut démontrer.

Il y avait quelqu'un qui m'a dit, mais tu dois faire beaucoup d'argent… J'arrête ça automatiquement. C'est un investissement et, s'il y a des retombées financières, c'est grâce à un travail qui a été fait.

Quelqu'un m'a dit : tu as beaucoup de chance. Je lui ai répondu : je m'excuse, la chance n'a rien à voir. C'est un travail que j'ai fait. Et ça aide aussi à comprendre la démarche des artistes parce qu'il y a des organismes d'artistes, il y a des organismes privés qui considèrent les artistes comme ceux qui vont décorer leurs murs, comme si, écoute, j'ai plein de murs, j'ai besoin des artistes pour les décorer.
Cette approche ne m'intéresse pas. Quelqu'un qui dit : J'ai besoin de Sergio pour mettre en valeur le travail de l'artiste, faire des partenariats, ça m'intéresse, mais dans le respect, on fait un produit que tu apprécies et non quelque chose pour toi.
Je fais partie de la *Société d'histoire et de généalogie de Montréal-Nord* et je leur explique : l'histoire est très importante, l'histoire de mon collectif est très importante. C'est important que le monde sache comment nous sommes nés, comment on s'est développés, comment on est rendus où on est rendus.

Nous avons fait notre premier événement avec un budget de 80 $. On est restés 2 jours dans un parc, avec 80 $. Maintenant on développe des projets de grande ampleur et cela aussi, il faut que le monde le sache.

Sergio Gutierrez siège à plusieurs conseils d'administration, entre autres celui de la *Caisse Desjardins de Sault-au-Récollet–Montréal-Nord* et la *Société d'histoire et Généalogie de Montréal-Nord*.
Parmi beaucoup de projets réalisés au cours de sa carrière, Sergio Gutierrez est

l'organisateur de l'exposition « A la découverte de Pablo Neruda », à l'Hôtel de Ville de Montréal, en septembre 2015 — *http://ville.montreal.qc.ca/portal/page?_pageid=5798,42657625 &_dad=portal&_schema=PORTAL&id=25585*,

de l'adaptation pour diffusion au Canada de l'exposition « Lieu de la mémoire : Un musée contre l'oubli » de l'UQAM (janvier-février 2016) — *http://www.evenements.uqam.ca/detail/675475-exposition-llieu-de-la-memoire-un-musee-contre-loublir*,

coordonnateur pour le volet Arts visuels du Festival des Arts, mai-juin   2016 *http://ville.montreal.qc.ca/portal/page?_pageid=8717,97083600 &_dad=portal&_schema=PORTAL*,

participant au projet « Mon vélo raconte... » organisé dans le cadre des festivités du 375e anniversaire de Montréal par la Société d'histoire et de Généalogie de Montréal-Nord, les Artistes en Arts visuels du Nord de Montréal et la Route de Champlain.

Montréal, 28 octobre 2015

Points de réflexion !
La liberté
La famille
Les rencontres
La réussite
L'implication sociale
La promotion des arts auprès des enfants
La reconnaissance

Informez-vous !

- Collège Ahuntsic. Programmes techniques en communications graphiques. <http://www.collegeahuntsic.qc.ca/futur-etudiant/programmes-et-formations/programmes-techniques> (consulté le 05 février 2017)
- Culture et communications Québec. <https://www.mcc.gouv.qc.ca/index.php?id=4628> (consulté le 05 février 2017)
- Diversité Artistique Montréal. <http://www.diversiteartistique.org/en/> (consulté le 05 février 2017)
- Emplois en milieu communautaire. <https://www.arrondissement.com/tout-list-emplois/> (consulté le 05 février 2017)
- TÉLUQ. Programme court en développement économique local et communautaire. <http://www.teluq.ca/site/etudes/offre/prog/TELUQ/0121/> (consulté le 05 février 2017)

France. Faits saillants
(données 2011)

Taille de la communauté :
67 650 personnes
Localisation :
68,8 % dans la région métropolitaine de recensement de Montréal
45,2 % dans la région administrative de Montréal
17 % Montérégie
9,1 % dans la région administrative de la Capitale Nationale
À Montréal :
18,8 % Plateau-Mont-Royal
13,3 % Côte-des-Neiges–Notre-Dame-de-Grâce
12,5 % Rosemont–Petite-Patrie
Profil linguistique :
99,7 % français
57,5 % français et anglais
Profil socio-économique :
44 015 personnes — population active
66,4 % taux d'emploi, supérieur à 59,9 % pour l'ensemble de la population québécoise
5,5 % taux de chômage, inférieur à 7,2 % pour l'ensemble du Québec
43 817 $ salaire moyen, supérieur au salaire moyen de l'ensemble de la population (36 352 $)

Source :
Immigration, Diversité et Inclusion Québec. *Portrait statistique de la population d'origine ethnique française recensée au Québec en 2011* <http://www.quebecinterculturel.gouv.qc.ca/publications/fr/diversite -ethnoculturelle/com-france-2011.pdf > (consultée le 24 janvier 2017)

Lori Hazine-Poisson,
comédienne, metteure en scène et
artiste en arts visuels,
fondatrice de la compagnie de théâtre
Effet V,
au Québec depuis plus de 30 ans

Richard Letendre,
comédien québécois et auteur de la
pièce de théâtre *Qui est ce Ionesco ?*

« On s'est perdus de vue
pendant 22 ans... »

P

Photo © Madalina Élena Negrea

Qui est Lori Hazine-Poisson ?

Je suis une comédienne française, metteure en scène, qui habite au Québec depuis maintenant plus de 30 ans. Je pratique aussi les arts visuels et j'enseigne le tai-chi. Ce sont des éléments importants que j'intègre dans la façon dont je fais du théâtre. Je suis la présidente d'une compagnie de théâtre qui s'appelle *Effet V*, qui a été incorporée en 1994. Je travaille avec de la pâte de papier, de la sculpture miniature, mais je fais aussi des installations monumentales, je vais du très petit au très grand et j'aime me promener dans les différentes dimensions. En ce moment je travaille comme commissaire pour une artiste italienne extraordinaire, qui s'appelle Graziella Malagoni (http://www.graziellamalagoni-art.com/contact-graziella-malagoni-art.htm), qui est comme moi membre de DAM (Diversité Artistique Montréal). On vient d'exposer à la TOHU un travail vraiment fabuleux et monumental dans l'espace.

Rencontres interculturelles, collaboration, art

La collaboration avec Richard Letendre ?

C'est une histoire au long cours, on s'est connus en 1984, j'enseignais le théâtre à l'UQAM et Richard était un des étudiants. On s'est fréquentés à ce moment-là et puis, on s'est perdus de vue pendant 22 ans, on s'est retrouvés alors que j'habitais sur le Plateau et que Richard avait sa boutique sur St-Denis. Moi, entre-temps, je suis retournée en France quatre ans et j'ai vécu cinq ans dans la ville de Québec, où j'ai travaillé sur de grands projets, comme les Médiévales de Québec. Donc, à mon retour à Montréal, on s'est rencontrés par hasard et Richard travaillait sur un spectacle.

Richard Letendre : Pour souligner mon 50ème anniversaire, je voulais créer un spectacle solo. J'avais commencé à l'écrire, mais la mise en scène n'était pas élaborée. Même si Lori travaillait déjà sur un autre spectacle, elle a accepté de faire également la mise en scène de mon spectacle. Le synchronisme était bon... pour moi !

Le spectacle s'appelait *Cordes raides* avec en sous-titre : A*près 50 ans d'absence, voici son premier spectacle d'adieu.*
Pour moi, ce n'était que pour un soir seulement. C'était une série de monologues assez drôle.
Lori a vraiment « théâtralisé » le spectacle. Pourquoi *Cordes raides?*
Parce qu'à 50 ans, je me sentais sur la corde raide de la vie.

LH-P : On a fait ce spectacle pour un soir et Richard voulait le rejouer, donc, on a essayé de trouver des lieux ou on pouvait le faire. Ça a été joué à Calixa-Lavallée, dans un petit café sur St-Denis...

RL : Et, à chaque fois, il y avait de moins en moins de spectateurs, la dernière fois, il y avait une douzaine, alors...

LH-P : C'est sûr qu'on n'avait pas les moyens de faire une grosse promotion, d'avoir une grande visibilité, j'ai parlé avec Richard et... il y avait eu les *Journées de la culture,* et j'avais déjà proposé de faire une intervention artistique à l'intérieur de la boutique. Richard y présentait le bouton, il faisait des conférences sur les boutons, il connaît toute l'histoire du bouton, donc, il n'y avait pas de problème avec ça. Moi, je faisais une improvisation avec un ordinateur, un jeu interactif en lien avec une bibliothèque virtuelle créée par quelqu'un en France, en tout cas, c'était un travail intéressant et on s'est beaucoup amusés. ☺ Suite à ça, j'ai donc proposé à Richard de jouer son spectacle dans la boutique. Il fallait créer de l'espace, il y avait seulement 10-12 places, mais au moins il n'y avait pas d'investissement à faire à l'extérieur et ça s'est développé.

RL : J'ai fait une adaptation du spectacle *Cordes raides* qui est devenu *Pour l'humour des mots.* Dans la boutique, on devait installer les chaises, les projecteurs. Une fois la boutique transformée, on pouvait accueillir 20-25 spectateurs par représentation. Après le spectacle, il fallait tout enlever et remettre les choses en place.

Il y avait beaucoup de manipulation. Après 7 ans sur la rue St-Denis, j'ai déménagé la boutique Rubans Boutons sur la rue St-Hubert…

LHP : Richard a trouvé ce local et ça l'intéressait parce qu'il y avait la possibilité d'installer la scène. Il y avait beaucoup de travaux quand même, parce ce que ce n'était pas pensé pour accueillir un théâtre. Derrière il y a une loge aménagée. On a aussi un espace pour la régie, avec le système de son, c'est minimaliste, mais tout est professionnel. Les clients ne les voient pas parce que ça se fond dans le décor de la boutique, il y a les rideaux noirs ici qui se referment.

RL : La boutique devenait le Laboratoire théâtral de 25 places. Cette fois les chaises étaient entreposées à la portée de la main et les projecteurs restaient en place. En 20 minutes, tout était fait. (*https://www.youtube.com/watch?v=kNlWdn4g2AE>*)

RL : Un soir, une spectatrice me demande : Pourquoi c'est écrit Rubans Boutons à l'entrée ? Elle se sentait dans un petit théâtre et ne voyait ni les rubans, ni les boutons cachés derrière les rideaux noirs. Nous ne voulions pas que les spectateurs regardent les accessoires autour pendant le spectacle. La boutique est restée sur la rue St-Hubert de 2009 à 2016. Le Laboratoire Effet V a toujours fait partie du local. ☺

LHP : On a monté un premier spectacle ici en 2009, la programmation est toujours une histoire de rencontres, avec un texte, avec un metteur en scène, avec des artistes. Là, c'était une rencontre avec un peintre qui est aussi un auteur de théâtre, celui qui a fait nos portraits.

Il était à Montréal et cherchait des lieux et des supports pour peindre, il est resté plusieurs mois, nous avons développé une amitié et il nous a donné ses textes; il s'appelle Luc François Granier. (*http://lucfrancoisgranier.blogspot.ca/*). Le premier spectacle qui a été monté ici, *Ils ont bu trop de fantômes,* est de lui.

Puis, ce fut *Le Fou du bouton*, un spectacle que Richard a écrit, différentes histoires qui tournent autour du bouton. On a eu beaucoup de plaisir à faire ça, on a fait aussi un spectacle hommage à une amie poète disparue, Angéline Neveu, en collaboration avec *Le Festival de la Poésie de Montréal…* On est aussi ouverts à ce que des gens viennent présenter des spectacles. C'est un laboratoire, donc, on ne veut pas nécessairement faire une série de représentations, mais si quelqu'un veut venir tester une étape dans son processus de création, vérifier comment les gens réagissent… Nous avons déjà reçu des gens merveilleux ici, une comédienne française qui allait à New York et qui était de passage. Nous avons reçu une performeuse : Zazalie (*http://zazaliez.com/*)*,* qui est montréalaise, on a fait une soirée vraiment intéressante, elle a présenté sa performance et on a fait, en lien avec elle, la projection d'un documentaire, sur un drame historique, quand le Canada a fait abattre tous les chiens dans le Grand Nord et l'impact que ça a eu sur la population.

Des Amérindiens étaient présents, ça a permis un dialogue vraiment enrichissant. Toujours d'une façon très intime, mais très valorisante, très nourrissante. Pour nous, c'est très riche de possibilités, aussi petit soit-il, le laboratoire permet des rencontres d'exception. Dans la boutique, Richard parle avec beaucoup de gens et il voit tout de suite si le théâtre les intéresse. Quand il voit qu'il y a un intérêt, les gens laissent leur courriel et on les prévient quand il y a une production. C'est une programmation informelle, il n'y a pas d'obligation, c'est organique, rien d'institutionnel, ni même de planifié à long terme.

Art sans frontières

Source : Archives personnelles de Lori

J'ai monté une production qui s'appelle *Charlotte du Mexique, impératrice du Néant* (https://www.youtube.com/watch?v=YorITBw43zc). Je suis allée jouer au Mexique, en France et j'ai joué à Montréal. J'ai écrit un texte sur cette expérience qui s'appelle *Le chemin de Charlotte*, je l'ai présenté au Consulat du Mexique et ici, au Laboratoire. On a aussi reçu, là, Jeanne Calderoni, une jeune comédienne française, avec un spectacle qui s'appelait *Séparation*, que j'ai mis en scène. Elle a joué dans plusieurs endroits à Montréal, au Café l'Artère (***http://artere.coop/***)... Elle a ensuite poursuivi le travail en France à partir de ce qu'il a été fait ici.

RL : J'ai parfois de la difficulté à faire comprendre aux gens que ce n'est pas mon théâtre. Le théâtre dans la boutique c'est la compagnie de théâtre Effet V de Lori Hazine Poisson qui loge dans la boutique. Il y a un nouveau mot qui est sorti dans les médias, *coworking* : Un local, deux usages.

Au lieu de fermer la boutique le soir et louer un autre local ailleurs, pourquoi ne pas maximiser l'utilisation du lieu ? L'avantage? Si nous jouons, ça ne nous coûte pas plus cher et, si nous ne jouons pas, ça ne nous coûte pas plus. Si un spectacle va bien, nous pouvons prolonger les représentations, s'il n'y a pas assez de spectateurs, nous arrêtons à la date prévue, c'est tout. Contrairement aux théâtres avec 4 productions par saison. C'est d'ailleurs parce que nous avons fait une reprise et que notre régisseur régulier n'était pas disponible que nous avons rencontré Bogdan Cioaba, un metteur en scène roumain vivant à Montréal. Il avait vu la pièce plus d'une fois l'été d'avant. Il a donc fait la régie et il m'a demandé s'il pouvait traduire la pièce en roumain pour la présenter à Pitesti. J'ai dit oui, bien sûr ! Et, comme de fait, à l'automne 2012, la pièce était jouée en Roumanie et j'ai été invité pour la première. Les Roumains ont adoré la pièce et moi, mon voyage. L'été suivant, nous avons participé à la journée de la langue roumaine en faisant la lecture d'une scène de la pièce, mais en roumain. C'est à cette occasion que nous avons rencontré Florentin Luca des *Éditions Némésis*. Il a accepté d'éditer *Qui est ce Ionesco ?*

J'ai envoyé mon texte au Centre d'essais des auteurs dramatiques, mais ils ont refusé mon texte. La raison ? Le texte ne parle pas assez de moi, en tant qu'auteur. Ils ont quand même bien apprécié la pièce...

théâtre Quiestcelonesco?

Pièce à conviction

Quand le vaste univers de Ionesco se déploie dans un petit théâtre de poche...

PASCALE GAUTHIER
24 Heures

Comédien de formation et de profession, Richard Letendre tient également la charmante boutique Rubans Boutons. Certains soirs, cette petite caverne d'Ali Baba se métamorphose en un véritable théâtre de poche : Le théâtre Laboratoire, hébergeant la compagnie Effet V inc.présente sa quatrième production : Qui est ce Ionesco?

« Mais je n'ai pas la prétention de faire du théâtre à thèse! Ça va plutôt vous faire découvrir Eugène Ionesco en baignant dans son univers », explique d'emblée Richard Letendre qui, en plus d'être

l'auteur de la pièce, on sera un interprète aux côtés de Lori Hazine Poisson et Aliona Munteanu.

Avec un 't'et un 'a'

Richard Letendre s'est d'abord replongé dans tous les écrits du défunt auteur de La Cantatrice Chauve, Rhinocéros, de ses essais à son œuvre dramaturgique. Mais c'est particulièrement la pièce Victime du devoir qui inspirera son projet. « Pour moi, cette pièce-là est l'une des plus autobiographiques de Ionesco. Il y a un inspecteur qui cherche un certain Malot avec un 't' à la fin, comme il le dit. Bien sûr, il ne le trouvera jamais. Mais en cherchant dans sa mémoire, le personnage cherche dans la mémoire d'Eugène Ionesco. Alors moi, pour ma pièce, j'ai créé un inspecteur Malot avec un 't' à la fin, qui cherche

Ionesco avec un 't'au début et un 'o' à la fin », explique le dramaturge, qui aime à qualifier sa création de « pièce à conviction ».

« On en suit une enquête irréaliste d'un policier : dans son parcours, il rencontrera des personnages créés par Ionesco », poursuit-il.

Ayant eu une vie « absolument fascinante », dira Richard, l'écrivain français d'origine roumaine, qui avait très peur de la mort, aura passé sa vie à se poser de grandes questions existentielles. Mais comme dans ses pièces, il n'y a aucune réponse à la vie, aucune véritable conclusion...

Visite guidée

« On visite les pièces de Ionesco comme on visite un château. Et le château de Ionesco est hanté par les souve-

nirs... Il y a parfois des petites portes cachées qui mènent à des donjons, des souffrances et de la violence peuvent ressurgir... On l'a appelé le père du théâtre de l'absurde, mais lui dit 'mon théâtre n'est pas absurde, mais la vie l'est parfois'. Et lui a écrit des bouts de vie... »

Certes, il y a dans ce spectacle des clins d'œil et des références à l'œuvre de Ionesco, mais la pièce convient aussi parfaitement à ceux qui ne connaissent que peu ou pas du tout cet artiste, précise Richard. « Ça me ferait plaisir d'entendre quelqu'un dire ensuite que ça lui a donné envie d'aller lire du Ionesco! »

Pour vivre l'expérience, il

faut réserver votre place, puis décider du montant de votre don monétaire, puisque le prix du billet est à contribution volontaire.

À la boutique Rubans Boutons (7363, rue Saint-Hubert), les jeudis, vendredis et samedis, 20 h, www.rubans-boutons.blogspot.com

Source : Archives personnelles de Richard

LH-P : Elle a déjà été montée dans une école aux États Unis et dans un collège à Montréal, ça se fait naturellement. Moi, je suis une comédienne introvertie, quelqu'un de très timide, je ne me sens pas du tout à l'aise avec les gens. Par contre, rencontrer les autres naturellement, par un centre d'intérêt, par coïncidence, par hasard, comme ça se fait ici, permet un contact fluide, chaleureux. Comme je le disais, j'enseigne le tai-chi, donc, j'aime être dans l'enthousiasme, pas dans l'excitation de l'adrénaline. Ici, les rencontres se font d'une façon instinctive et spontanée, cette façon dont les choses se passent est un luxe. Je trouve que c'est un luxe total, en 2016, de pouvoir avancer comme ça artistiquement.

RL : L'avantage d'avoir son local disponible n'importe quand, c'est qu'on peut monter une pièce à tout moment. Quand je n'ai pas de clients, je peux me mettre à l'ordinateur et écrire. Je peux créer parce que je sais qu'il y a une possibilité.
Un auteur veut que son texte soit joué sur une scène comme un peintre cherche des murs pour exposer ses tableaux. J'ai déjà eu un client qui travaillait pour Brachetti (*www.brachetti.com*),

qui a surement plus de moyens que moi; il m'a dit : *c'est mon rêve d'avoir un théâtre chez moi.* Je me suis rendu compte de la chance que nous avions !

Souvent, les gens de théâtre nous demandent si nous louons la salle. Je leur réponds : Ce n'est pas un lieu de location, ce n'est pas une nouvelle salle de spectacle, c'est un Laboratoire, un outil de création.

LH-P : Quand j'étais au Conservatoire à Paris, mon rêve était de dormir dans un théâtre. Là, j'habite au-dessus. Quand on joue, on ne dérange personne. C'est comme une maison, nous ne sommes pas propriétaires, mais, pour le moment, on est là. Mais on peut aussi se produire à l'extérieur. C'est ce qui s'est passé avec *Qui est ce Ionesco ?* Nous avons créé un laboratoire mobile, pour offrir le spectacle aux dimensions de sa création. Ça fonctionne très bien. On n'est pas obligé d'aller seulement dans les petits lieux. On a joué au *Festival de Lanaudière*, dans des collèges, ça nous a permis de rencontrer le directeur artistique du théâtre Denise Pelletier qui a décidé de nous inscrire dans la programmation 2014, ce qui a donné beaucoup de crédibilité au spectacle et a permis la tournée.

Les chutes du Niagara... d'émotions

RL : La pièce *Qui est ce Ionesco ?* a été écrite en 2010 et, en juin 2011, on a commencé à la jouer ici. Nous avons eu des soirs où c'était complet. Il faut comprendre que nous ne vendions pas de billets, les gens réservaient et se présentaient. Mais nous avons eu aussi des soirées avec seulement 5-6 spectateurs, mais nous avons joué quand même. Jouer devant une salle pleine au Laboratoire, c'est très agréable. Mais quand nous avons joué à la Maison de la culture Ahuntsic, devant une salle de 300 personnes, je me demandais, en tant qu'auteur, si la pièce était pour être bien reçue. Quand les 300 spectateurs se sont levés debout pour applaudir, pour le comédien et surtout l'auteur, c'était les chutes du Niagara d'émotions, c'était puissant.

En Roumanie aussi j'avais ressenti de grandes émotions. La façon dont les spectateurs roumains avaient réagi pendant la pièce, ouf ! Pour l'auteur, c'était fort. Mais quand on est auteur et comédien, c'est une double dose d'émotions.

LH-P : Pour moi, ça ne change pas, parce que le public peut être très différent. Ce n'est pas une question de nombre, c'est une question de communication, c'est du spectacle vivant. C'est différent à chaque fois.

Avec *Qui est ce Ionesco?*, ce qui a permis de se rendre là, c'est une suite de petits miracles… en 2011, il y avait l'année hommage à Ana Sokolovic (*http://www.anasokolovic.com/fr/accueil)*, qui est une grande compositrice contemporaine, elle est aussi professeure de composition contemporaine à l'Université de Montréal. Elle cherchait un lieu pour tourner un des volets de son portrait vidéo; Ana a aimé le lieu, elle a pu faire ce qu'elle voulait en toute simplicité, elle a beaucoup apprécié l'expérience. Elle a dit : « Si jamais une collaboration avec un musicien vous intéresse, j'aurais quelqu'un pour vous ». On lui avait parlé de *Qui est ce Ionesco ?* et c'est comme ça qu'on a rencontré celui qui a composé la musique de la pièce, Jean-Michel Rousseau, un musicien de jazz, qui faisait une formation en musique contemporaine. On a travaillé ensemble, il est venu assister aux répétitions, il créait au fur et à mesure et sur mesure. Cette façon de procéder est très différente que d'aller chercher ou de commander une musique. Ça fait partie des miracles qui permettent à une production d'atteindre un niveau de qualité, alors qu'on est dans la modestie.

RL : On n'était pas loin des budgets de 50 000 $ pour un directeur musical et ses musiciens pour composer une musique. Jean Michel a travaillé avec nous et il a ajusté la musique en fonction de la pièce.

La simplicité artistique volontaire

LHP : Non seulement la musique, mais moi, j'appelle ça la simplicité artistique volontaire. Luc-François Granier, qui a fait les portraits, dans le même esprit, utilise le moins de peinture possible. Et comme nous, au départ, on avait des soucis d'ordre économique, c'est un peu trivial, mais ça n'a jamais été perçu comme une barrière, c'est vu, au contraire, comme quelque chose qui guide l'esprit créateur et l'amène là où il peut s'exprimer.

Le décor de *Qui est ce Ionesco ?*

LHP : J'adore les arts visuels et, depuis la création de la compagnie, il a fallu toujours faire plus avec rien, donc, j'ai commencé à faire les décors, les costumes. Avec *Qui est ce Ionesco ?,* dont l'action se passe dans beaucoup de lieux différents, j'ai créé ces lieux à partir de la transformation d'un tissu. Pour les costumes, c'est plus du vêtement transformé que du vrai costume et les accessoires fabriqués avec des objets détournés ou fabriqués avec des matériaux ordinaires jouent un grand rôle, l'important c'est que ça fonctionne et reste très professionnel.

RL : Quand j'ai écrit la pièce, je voyais des chaises grandeur nature. Sauf qu'on a vite réalisé qu'à la grandeur de la scène... c'était impossible.

Photo © Madalina Élena Negrea

Même des chaises pour enfants, c'était encore trop grand. Lori a alors créé un prototype de petite chaise miniature. Finalement, c'est un ami de Lori, qui vivait au Québec depuis peu et qui avait un atelier de création, qui réalisa les sept chaises dans un plastique solide. Lori s'est chargée de mettre les lettres dessus.

LH-P : À partir du moment où on a eu les chaises, on a eu le jeu. C'est le processus de création.

RL : Au niveau du décor, bon, la boutique est située sur la rue St.-Denis, là où il a beaucoup de marchands de textiles, et qu'est-ce que les marchands de textiles laissent beaucoup dans les bacs de recyclage ? Des tubes de carton. Lori étant une passionnée du travail avec le papier mâché et du recyclage, elle décide de fabriquer les deux murs de la pièce à partir des tubes de carton récupérés chez les marchands. Elle voit, moi je conçois ! Mais c'est elle qui met la dernière touche artistique, bien sûr !

LH-P : Ma grand-mère était couturière, donc, je me rappelle son atelier plein de tissus. Pour *Du pain plein les poches*, le décor est aussi fait à partir de tubes de carton et, pour le *Fou du bouton,* la même chose. Les tubes de carton pour tissus ont été utilisés plusieurs fois ici.

Le tai-chi ?

LHP : J'ai commencé les arts martiaux en France, j'ai fait, pendant 12 ans, du karaté et puis, plus tard, le tai-chi me convenait mieux, donc, j'ai commencé une formation en tai-chi, je l'enseigne au YMCA du Parc depuis 2003, c'est vraiment quelque chose que j'aime et que j'intègre, j'ai aussi une formation de mime… pour moi, le tai-chi et le théâtre c'est vraiment un même mouvement.

Après votre dernier spectacle *Qui est ce Ionesco ?* comment avez-vous senti la réaction du public ?

RL : Une de mes craintes, quand j'ai commencé à écrire la pièce, était : Comment vont-ils prendre ça ? Et la plus surprenante des réactions que j'ai vues, c'est d'entendre un enfant, qui avait à peu près 7 ans, dire à son père : *Hey, papa, c'est la meilleure pièce que j'ai vue !* Pas parce qu'il aimait Ionesco, mais il a aimé ce qu'il a vu. Et une autre réaction que j'ai bien aimée, c'est quand une personne m'a dit : *je ne connais pas Ionesco, mais je vais m'informer sur lui.* Il y a aussi ceux qui connaissent déjà Ionesco et qui me disent, après avoir vu la pièce, *Ça me donne le goût d'aller relire Ionesco.* Alors là, je me dis : mission accomplie ! Je suis en train de faire connaître un auteur et surtout l'homme qu'était Ionesco et ça, à travers son univers. J'ai l'impression que les gens l'ont vraiment aimée. La pièce est écrite d'une manière qu'on appelle un pastiche. C'est-à-dire dans le même style que Ionesco, mais à la manière de Richard Letendre.

La pièce est aimée pour ce qu'elle est. Autant par les Québécois pures souches (dixit Lori), que les spectateurs d'origine roumaine. Nous avons calculé que 20 % du public était d'origine roumaine. Pourquoi ? Parce que d'abord la pièce parle d'un auteur franco-roumain et, sur scène, nous avions une actrice d'origine roumaine. Quand j'ai écrit la pièce, je ne l'ai pas écrite avec l'idée d'avoir une comédienne d'origine roumaine dans la distribution. Une petite anecdote. Aliona Munteanu (*http://www.cstrois-lacs.qc.ca/services-administratifs/talent-aliona-munteanu*) n'a pas réalisé tout de suite que c'était moi l'auteur. Pendant les répétitions, parfois il y avait quelque chose qui n'allait pas vraiment bien avec le texte, alors, je disais : Mais, garde ça, au lieu de dire ça, on va dire ça. Alors, Aliona dit à Lori : *Mais il change le texte de l'auteur, pour qui il se prend ?!*

Quand nous avons commencé à jouer la pièce, en 2011, tout de suite les gens ont dit : *Ça doit aller dans les maisons de la culture !* Il fallut attendre 4 ans.

LHP : Il y avait le potentiel dès le début, il se passait des rencontres magnifiques, mais pour moi, un moment de grande émotion s'est passé alors qu'on était dans une maison de la culture… après le spectacle, il y avait un monsieur d'un certain âge, qui était agenouillé sur la scène et nous aidait à remballer ; une dame de l'administration est venue et lui a posé la question : *Mais qu'est-ce que tu fais là ?* Il a répondu simplement : *Tu vois bien, je les aide.* Alors, on apprend que c'est le directeur de la Maison de la culture et, à ce moment-là, j'ai compris qu'on avait, avec le spectacle, allumé en lui toutes les raisons pour lesquelles il avait choisi son métier et qu'il voulait vraiment être partie prenante de ce monde du spectacle. Pour moi, ce fut un moment très émouvant.

Comment avez-vous commencé la collaboration avec Aliona Munteanu ?

LHP : Dès le début, je tenais à ce que l'autre comédienne soit roumaine.

RL : Quand j'ai écrit la pièce, je savais qu'on allait jouer ici sur cette petite scène, alors, je voulais une pièce pour 2 comédiens. Avec le metteur en scène, Thérèse Perreault, nous avons fait une lecture à deux. Elle m'a dit : *Il manque de théâtralité, ça serait bien une troisième personne.* J'ai alors repris le texte, j'ai rajouté une bonne, Daizy, et une reine. Lori a tout de suite suggéré que la troisième comédienne devrait être d'origine roumaine.

La beauté interculturelle – Française, avec des racines roumaines, joue dans une pièce écrite par un Québécois

LHP : Parce que Ionesco avait une mère française et un père roumain. Donc, puisque j'incarne le côté français de son histoire, il fallait incarner le côté roumain pour que l'intégrité de Ionesco soit présente sur scène. Une anecdote : ma grand-mère est roumaine, donc, c'était aussi pour moi une façon de renouer avec mes racines, mais, comme je l'ai dit, c'était surtout pour une considération particulière, je trouvais important de faire jouer une comédienne immigrante, connaissant moi-même la difficulté d'exercer le métier en venant d'ailleurs.

Je connaissais une Roumaine, Otilia Tunaru, très impliquée dans la communauté… je l'ai appelée et je lui ai demandé si elle connaissait des comédiennes roumaines ; elle nous a donné deux noms et nous avons rencontré les deux comédiennes et notre choix s'est arrêté sur Aliona.

Aliona Munteanu dans *Qui est ce Ionesco ?* Photo © Madalina Élena Negrea

Elle était vraiment pétillante, une chimie s'est créée dès le début, il y avait quelque chose qui faisait que ça pouvait vraiment fonctionner, je ne sais pas, les énergies, les cultures…

RL : Son accent roumain, elle avait peur de son accent. Nous lui avons dit : *Surtout, ne change pas !* L'accent roumain était tout à fait approprié dans le contexte. Elle a quand même travaillé, même pour le texte, elle a fait un travail de phonétique. Elle avait habité à Toronto, donc, elle avait un français avec des touches anglophones. En résumé, Aliona a travaillé très fort ! Les gens nous demandaient : *Est-ce que c'est vraiment un accent qui a été appris ?*

LH-P : Parce que les gens ne sont vraiment pas habitués à entendre des accents sur scène. Moi, je viens d'une culture où la pluralité des cultures dans les spectacles était valorisée, où c'était considéré comme quelque chose d'enrichissant et reflétant la réalité. Pour moi, entendre des accents, je trouve ça très intéressant, c'est une musique, des vibrations, des couleurs qui viennent d'ailleurs.

Avez-vous (RL) un projet d'écriture en cours ?

RL : Oui, je continue à un rythme très lent, plus lent que le tai-chi, je crois. J'avais commencé à écrire, je crois en 2012-2013, j'ai été inspiré par un événement et, depuis, ça se transforme, je l'ai dans mon portable, je me dis oui, c'est peut-être une pièce qui peut être montée, mais c'est pour 4 comédiens, c'est un peu plus compliqué, mais la pièce est prête, je peux l'offrir à quelqu'un pour qu'elle soit jouée.

Pour ce qui est de *Qui est ce Ionesco ?*, j'ai vraiment envie d'en faire une autre version qui s'appellerait *Sur les traces de Ionesco*, on retrouverait des choses qui existent dans *Qui est ce Ionesco ?* bien sûr, mais aussi d'autres choses qui n'y sont pas. Mais pour qu'il y ait représentation, on aura besoin d'au moins 4-5 comédiens. Il y aura des personnages de plus qui auront l'occasion d'exposer des parties de la vie de Ionesco. Pour l'instant, ce n'est qu'un exercice d'écriture qui peut devenir un roman ou toute autre chose, mais c'est là. Je suis toujours en train de lire sur Ionesco, sa biographie est à côté de mon lit, c'est mon livre de chevet.

La passion pour Ionesco ?

RL : C'est une grande question psychologique que plusieurs me posent. Pourquoi Ionesco ? Du coup la question est : *qui est Richard Letendre ?* Ionesco m'a toujours attiré. Même si, après réflexion, sa vie est le contraire de la mienne. Moi, je viens d'une famille très nombreuse, lui, n'a eu qu'une sœur. Mes parents ont été ensemble 50 ans de leur vie, jusqu'au décès de mon père.

Lui, ça a été une explosion, des parents séparés, son père s'est remarié, chicane avec la belle-mère. Moi, j'ai vécu ici toute ma vie, lui s'est tiraillé entre la Roumanie et la France, entre Paris et Bucarest, comme une vraie balle de ping-pong. Il a vécu la guerre… moi non! Dans son théâtre, qu'on dit absurde, c'est l'absurde qui m'a accroché. La vie qu'il a vécue a influencé son théâtre. Moi, j'ai toujours pris la vie du bon côté, Ionesco ne pouvait pas voir un coucher du soleil sans penser aux meurtres qui se passent dans les grandes villes. Il n'était pas capable de décrocher de ces horreurs-là. C'était un éternel angoissé. Moi, je suis positif. Voilà, c'est mon côté sombre. Mon ombre. Mais revenons à son théâtre. Quand j'ai lu, pour la première fois, *La cantatrice chauve*, je n'ai rien compris et j'ai compris que je n'avais rien compris. À l'Université, pendant ma formation théâtrale, j'ai lu plusieurs pièces de Ionesco. J'ai trouvé son théâtre formidable à lire, mais impossible à monter. J'ai fait un travail sur l'esthétique théâtrale de Ionesco, j'ai lu plus que ses pièces, j'ai lu ses écrits et des entretiens. La fantaisie de son théâtre m'a éveillé. Il a fait un seul roman qui est devenu pièce de théâtre éventuellement, c'était *Le solitaire.* On n'a pas fini de découvrir Ionesco. Son théâtre est intemporel, il transcende le temps. C'est ça qui m'attire chez Ionesco.

Peut-on dire aujourd'hui que vous êtes un spécialiste de Ionesco?

Oui, je suis un connaisseur, je connais pas mal sa vie, son passé et son œuvre, mais je ne suis pas un Docteur es Ionesco, je n'ai pas fait des études, de thèse, je l'ai vraiment absorbé. **Je suis très fier de la pièce que j'ai écrite.**
Avez-vous un autre projet de théâtre en cours ?

Rien n'est jamais acquis
LHP : On a commencé à travailler dans l'univers de Matei Visniec *(http://www.visniec.com/biography.html),* un autre auteur roumain, mais ce n'était pas parce qu'il était roumain qu'on l'a choisi, mais

parce qu'un ami comédien français, qui jouait dans une de ses pièces, nous l'a recommandé. On a, d'abord, voulu monter *Petit boulot pour vieux clown,* nous avons fait beaucoup de recherches, mais, finalement, ça n'a pas abouti. On a exploré un temps *Le Théâtre décomposé ou l'homme poubelle,* ça n'a pas abouti non plus, finalement on s'est arrêtés sur une autre pièce, *Du pain plein les poches.* Ce n'est pas parce qu'il y a eu un succès avec *Le Ionesco,* que la suite est assurée; rien n'est jamais acquis. Chaque spectacle a sa propre vie. Si ce spectacle a un chemin, il va le trouver.

Côté communication, marketing ?

LHP : On fait des communiqués de presse, des invitations aux gens qui sont sur nos listes et par les réseaux sociaux. J'envoie bien sûr des communiqués de presse aux directeurs de théâtre, aux journalistes…
RL : On ne peut pas faire une grande campagne, on ne pouvait que vendre 25 billets par soir. C'est difficile d'amener les médias ici, parce que, au niveau des médias, on parle d'une rentabilité, alors, quand on parle d'un spectacle qui sera vu par très peu de gens, ce n'est pas très rentable médiatiquement pour eux. Il préfère parler de quelque chose qui a lieu dans une grande salle.

C'est l'ensemble des formes qui donne vraiment un reflet de notre humanité.

LHP : Il y a le théâtre officiel, celui qui est subventionné, qui est reconnu, formaté, souvent d'un niveau de qualité indéniable, scénographie, musique, comédiens, des grosses productions. Ce qui est considéré comme le théâtre d'avant-garde est, donc, essentiellement, le contre discours, c'est-à-dire la contestation de ce qui se fait officiellement. Mais pour moi, le contre discours c'est toujours le discours ! D'ailleurs, ces spectacles sont aussi subventionnés. Si c'était un véritable discours autre, le système ne subventionnerait pas quelque chose qui risquerait de le détruire. Le théâtre vivant est dans les marges. Des moyens, pas de moyens, là, n'est pas la question. Mais les lieux, les façons de faire sont différentes. Mais il n'y a pas vraiment de curiosité pour ça et ça demande une curiosité pour être découvert. Ça va faire 45 ans que je fais ce métier, mais mon expertise n'est pas reconnue. La forme qu'on présente n'est pas valorisée, ça vient d'une autre tradition. Ce n'est pas perçu comme quelque chose de valeur. Comme on sait, les immigrants ont des regards, des techniques, des façons de faire différentes en théâtre. Il n'y a pas une forme qui est meilleure que l'autre, c'est l'ensemble des formes qui donne vraiment le reflet de notre humanité. *DAM (Diversité Artistique Montréal)* travaille vraiment dans ce sens ; son directeur, Jérôme Pruneau, n'est pas un gestionnaire, c'est un ethnologue, donc, il a un regard totalement différent, l'autre n'est pas perçu comme un étranger, mais comme soi, c'est donc une richesse et la peur n'a pas sa place. Les gens du métier, pour la plupart, savent qu'on existe, j'ai joué des spectacles, j'ai eu des critiques, mais il n'y a pas de véritable reconnaissance, ce qu'on fait n'entre pas dans les cases. Quand on est dans le cercle officiel, on est sollicité, le tapis rouge, le champagne… donc, il y a vraiment une séduction des médias, si quelqu'un vient nous voir ici, c'est qu'il a une véritable curiosité.

Si l'on vous proposait de jouer *Qui est ce Ionesco ?* dans des grandes salles ?

LHP : On est tout à fait en mesure de le faire, on a joué dans les maisons de la culture, dont certaines ont un grand nombre de places, mais pour les théâtres officiels, engager des artistes inconnus, c'est prendre des risques financiers et ça ne les intéresse pas. Tenez, on est avec Aliona au *Théâtre des 4 sous* pour passer les premières auditions de la diversité organisées par DAM, les critères étaient très, très serrés et ont a eu de la chance d'avoir le laboratoire pour s'y préparer, donc, on a réussi et on en a profité pour faire la promotion de *Qui est ce Ionesco ?* en jouant des scènes de la pièce… et, bien, personne du *4 sous* n'est venu voir le spectacle…

RL : Ceux qui peuvent prendre des décisions et faire avancer les choses ne se sont jamais déplacés pour voir la pièce, même pas par curiosité artistique. C'est comme si les gens disent : *Ah oui, c'est intéressant.* Mais ensuite, ils continuent : *Vous savez, il y a tellement d'offres culturelles… Quand est-ce que vous reprenez ?*

LH-P : On a joué 60 fois au laboratoire…

RL : On ne veut pas devenir des vedettes instantanées. On vise plus la qualité et la durée dans le temps.

LH-P : On veut faire quelque chose de qualité, on prend le temps, on y met les moyens. De pouvoir dire je vais reprendre le spectacle, je vais approfondir mon jeu, alors, là, oui, je me sens avancer.

Un mot pour la relève dans le théâtre ?

RL : Aussitôt qu'on commence, peu importe l'âge, on fait partie d'une relève. On peut appeler ça du renouveau, il y a de l'espoir, ça dépend toujours… il faut dire aussi, plus tu es jeune, plus tu as du temps pour te faire connaître. Quand tu as un certain âge, il ne faut pas se dire : Si je ne suis pas connu, je n'ai pas réussi. Si tu fais ce que tu aimes, tu as réussi ! Les gens de la relève doivent se dire : *Si je suis à mon meilleur dans ce que je fais, je vais réussir.*

LHP : La façon dont ça fonctionne, c'est de mettre tout le monde dans des tranches d'âge. Il y a très peu de productions intergénérationnelles, il y a quelque chose dans la façon dont le système s'articule qui fait que les gens sont en compétition et non pas en collaboration, très individualistes, et tous en lutte pour les subventions. La formation des comédiens va aussi dans ce sens-là. On a amené les comédiens à la sortie des écoles à faire des troupes de jeunes. On les subventionne pour rester une espèce de cellule jeune, alors qu'ils ont besoin de transmission, qu'on partage l'expérience avec eux, il faut vivre ensemble jeunes et moins jeunes pour enrichir le vécu. En plus, tout le monde prétend atteindre aux valeurs universelles. On ne peut pas être universel, c'est un leurre, surtout si on reste en circuit fermé.

Avez-vous une collaboration avec des jeunes ?

Oui, la plupart du temps. Par exemple Aliona. Elle est un peu comme ma fille spirituelle, elle a beaucoup de talent, elle chante, elle danse, c'est incroyable et elle a une énergie rafraichissante, mais elle n'a pas la même expérience que moi, je peux lui montrer, mais ce n'est pas en disant les choses que ça se transmet, mais en jouant sur scène ensemble alors on peut apprendre, en le faisant... Nous sommes toujours ouverts à la collaboration avec des gens qui ont une curiosité intellectuelle et ce n'est pas une question d'âge.
Là, on est dans l'accélération du temps. Je le sais, avec le tai-chi, le temps est un concept intellectuel, ça n'existe pas.

Avez-vous un mot pour ceux qui veulent vivre vraiment de ce qu'ils aiment ?

LH-P : **Just do it! Faites-le ! Engagez-vous ! Ayez confiance ! Les choses vont venir à vous !** Personnellement j'ai été serveuse, j'ai fait toutes sortes de petits métiers, mais je n'ai jamais arrêté de faire du théâtre. Je viens d'ailleurs, cela n'a pas été facile, mais aujourd'hui, pour les gens qui viennent d'ailleurs, je leur dis : regroupez-vous par centre d'intérêt et faites-le parce que vous avez des regards différents. Il faut connaître le milieu dans lequel on arrive, il faut savoir comment fonctionne le théâtre au Québec et savoir qu'il y a un cercle dans lequel tout le monde veut rentrer, mais qui ne s'agrandira pas. Chaque personne qui vient d'ailleurs et qui garde des contacts avec son pays d'origine, peut faire des ponts et ouvrir des champs nouveaux et puis, on nous encourage beaucoup à devenir entrepreneur... être entrepreneur c'est une autre façon de fonctionner. Par contre, montrer que l'autre n'est ni l'ennemi, ni dangereux, qu'il est différent et qu'il fait des choses différentes, donc devenir entrepreneur non pas forcément dans le sens économique, mais en étant capable de faire des liens. Si le critère pour avancer, c'est d'être subventionné, c'est triste. Le réseautage, le coworking, le sociofinancement, ça peut fonctionner, car il n'y a pas qu'une seule façon de faire, il faut créer de nouvelles formes, inventer de nouvelles solidarités, de nouvelles collaborations, de nouvelles associations, ne cessez pas de rêver, c'est à vous d'imaginer les possibilités et de les actualiser.

Il faut toujours savoir écouter, s'écouter et agir en conséquence. Si ça dit oui à l'intérieur de vous, il faut y aller !

Montréal, 19 janvier 2016

Points de réflexion !
La rencontre
L'art
La passion

- Collège O'Sullivan de Montréal. Technologie des médias et plateau de tournage. <http://www.osullivan.edu/programmes-tech_des_medias.html> (consulté le 05 février 2017)
- Conservatoire de musique et d'art dramatique Québec. <http://www.conservatoire.gouv.qc.ca/la-formation/art-dramatique/scenographie/> (consulté le 05 février 2017)
- Lori Hazine Poisson à Radio-Canada en 2014. < http://ici.radio-canada.ca/emissions/medium_large/20132014/chronique.asp?idChronique=327003>
- Réseau indépendant des diffuseurs d'événements artistiques unis RIDEAU. Emplois, stages et auditions. <http://www.rideau-inc.qc.ca/association/offres-demploi> (consulté le 05 février 2017)
- Théâtre Denise-Pelletier. Qui est ce Ionesco ? 2014. <http://www.denise-pelletier.qc.ca/spectacles/28/> (consulté le 05 février 2017)
- Théâtre Effet V. <http://effetvinc.blogspot.ca/> (consulté le 05 février 2017)

Algérie. Faits saillants
(données 2011)

Taille de la communauté :
44 560 personnes
Localisation :
91,8 % habitent la région métropolitaine de recensement de Montréal
70,1 % dans la région administrative de Montréal
9,9 % Laval
8,8 % Montérégie
À Montréal :
17,3 % Saint-Léonard
11,4 % Ahuntsic-Cartierville
11,1 % Villeray-Saint-Michel-Parc-Extension
Profil linguistique :
97,4 % connaissent le français
59,3 % uniquement le français
38,1 % français et anglais
Profil socio-économique :
57,1 % taux d'emploi contre 59,9 % à l'ensemble du Québec
18,7 % taux de chômage, beaucoup plus élevé que celui de l'ensemble de la population (7,2 %)
28 960 $ revenu moyen, moins élevé que celui de l'ensemble du Québec (36 352 $)

Source:

Immigration, Diversité et Inclusion Québec. *Portrait statistique de la population d'origine ethnique algérienne recensée au Québec en 2011 http://www.quebecinterculturel.gouv.qc.ca/publications/fr/diversite-ethnoculturelle/com-algerienne-2011.pdf (consultée le 24 janvier 2017)*

Kamal Lounaci,
bibliothécaire spécialiste en métadonnées
à Bibliothèque et Archives nationales du Québec,
à Montréal depuis 2002

« J'ai commencé à travailler 3 mois après mon arrivée à Montréal. J'étais opérateur de machine dans une entreprise de fabrication des lunettes de vue. »

Source : archives personnelles de Kamal

Kamal Lounaci est bibliothécaire spécialiste en métadonnées à Bibliothèque et Archives nationales du Québec, plus précisément à la Direction de la numérisation.

L'intégration professionnelle

KL : Arrivé au Québec en janvier 2002 et après quelques boulots par-ci, par-là, j'ai dû reprendre les bancs de l'université pour faire un Bac en communication, un certificat en gestion de l'information numérique et une Maitrise en sciences de l'information et bibliothéconomie. J'ai commencé ma carrière de bibliothécaire à la Grande bibliothèque comme bibliothécaire de référence, sept mois plus tard, j'ai obtenu un poste permanent au traitement documentaire.

Après cinq années passées à faire de l'analyse documentaire, et après avoir travaillé sur plusieurs projets d'envergure internationale, notamment la révision de la traduction de la 23ᵉ édition de la Classification décimale Dewey (CDD23), en collaboration avec la Bibliothèque nationale de France (BnF) et Bibliothèque et Archives Canada (BAC), je suis passé à la numérisation pour me spécialiser dans les métadonnées. Aujourd'hui, je travaille à la réalisation d'une bibliothèque nationale numérique pour Québec, ainsi qu'un Dépôt numérique fiable (DNF) pour préserver des objets numériques de BAnQ à long terme, indépendamment de l'évolution des nouvelles technologies.

Montréal, ville de choix

KL : Je suis arrivé en 2002 à Montréal et je ne l'ai jamais quitté ! Je me plais tellement dans cette ville que je me vois mal partir m'installer ailleurs. La rudesse de l'hiver me fait quelques fois penser au soleil de mon pays natal en me disant : « Que fais-je ici? », mais je finis toujours par retomber sur mes pattes et voir les choses en face : ici c'est mon pays aussi. Point barre !

Pourquoi le Canada, le Québec, Montréal ?

KL : Quand j'étais dans les montagnes de Kabylie (Algérie), je passais mon temps à apprendre par cœur les capitales du monde via une grande carte géographique que mon père a ramenée de France ; elle était placardée au mur du salon et je ne la quittais pas des yeux. Lorsque j'ai abordé l'Amérique du Nord, je me suis arrêté longtemps sur le Canada : immense pays qui a pour capitale Ottawa. Je n'avais que 14 ans à cette époque, mais à force de me documenter sur le Canada, je suis tombé sur la province de Québec que l'on dit francophone. Cela m'est resté en tête et je crois que le déclic vient de là. Je pouvais m'installer en France, mais j'ai préféré m'éloigner des frictions historiques qui règnent entre ce pays et l'Algérie (pays colonisé par la France de 1831 à 1962).

IS : Êtes-vous citoyen canadien ?

KL : Oui, je suis citoyen canadien depuis 2006.

IS : Vous êtes venu ici seul ou avec la famille ?

KL : Mon voyage était plus une aventure qu'autre chose, j'ai préféré le faire seul.

IS : À votre arrivée, parliez-vous français ou anglais ?

KL : L'Algérie est un pays francophone, la plupart des journaux, des publications, des radios sont en français. Je maitrisais suffisamment le français à mon arrivée au Québec que je n'avais aucun mal à rejoindre le marché du travail.

Le marché du travail

KL : J'ai commencé à travailler 3 mois après mon arrivée à Montréal. J'étais opérateur de machine dans une entreprise de fabrication des lunettes de vue.

IS : Avez-vous obtenu l'aide de quelqu'un ?

KL : Je n'ai pas de famille ici, mais j'ai été reçu par un ami chez qui je suis resté 10 jours. Ensuite, j'ai pris un appartement en colocation avec un compatriote qui est arrivé à Montréal en même temps que moi.

IS : Avez-vous fait appel aux ressources offertes par les organismes qui s'occupent de l'accueil et de l'intégration des immigrants : information, conseil, préparation CV, recherche emplois, recherche formation, etc. ?

KL : Quitter son pays pour un autre, c'est accepter de mourir un peu. Cela exige des ressources mentales hors pair. Lors de mon arrivée à Montréal, je ne savais vraiment pas quoi faire comme métier. J'étais prêt mentalement à enterrer mon ancienne vie et démarrer en bas de l'échelle. Je me suis tourné quelque temps vers un Centre local d'emploi où j'ai appris à taper sur un clavier afin de construire mon CV. Je ne savais même pas comment fonctionne le logiciel Word, j'ai dû demander de l'aide plusieurs fois aux agents de bureau pour faire quelques opérations de saisie qui peuvent paraître banales aujourd'hui. J'ai ensuite suivi une formation de trois jours, je crois, pour comprendre les techniques d'entrevue et d'adaptation de CV. Je me demandais d'ailleurs pourquoi faut-il adapter son CV ! Ce n'est que quelques mois plus tard que j'ai saisi le pourquoi de cette subtilité. Les employeurs recherchent des profils, il faut donc ajuster sa candidature en fonction du descriptif du poste.

Un mot pour les nouveaux arrivants

KL : Fondez-vous dans la masse, ne laissez aucune place aux préjugés, allez vers les gens de ce pays et appropriez-vous leurs habitudes, leur quotidien, leur symbolique et leur imaginaire. Cela vous aidera à devenir rapidement citoyen accompli de ce pays. Mais aussi, soyez réalistes et honnêtes avec vous-même ; si vous voyez que ça traine pour vous, retournez aux études en ciblant un métier porteur. Un diplôme d'ici est presque un gage d'emploi et de réussite.

IS : Recommanderiez-vous à d'autres personnes de venir s'installer au Québec ou dans une autre province du Canada ?

KL : Je ne connais rien sur les autres provinces, aussi je ne parlerai que de Québec. Une province francophone où les habitants, pour la plupart, sont imprégnés de la culture latine chère aux immigrants qui viennent de l'Afrique francophone ou de l'Europe. Québec est la seule province en Amérique du Nord où les deux cultures, française et anglaise cohabitent. Montréal est l'une des villes les plus cosmopolites de l'Amérique.

IS : Qu'est-ce qui vous a attiré le plus avant de venir ici et qu'est-ce que vous trouvez le plus précieux aujourd'hui dans votre nouveau pays ?

KL : Ce n'est certainement pas pour convoiter « quelques arpents de neige », pour paraphraser Voltaire, ou pour braver le froid glacial du mois de février que j'ai choisi ce pays. La langue française et le pacifisme y sont pour beaucoup dans mon choix. À part ces deux critères, je connaissais peu de choses du Canada. Mais maintenant, je peux dire que je ne me suis trompé en rien dans mon choix, c'est au Canada que je me suis formé, que j'ai appris à devenir un citoyen respectueux des autres, de la nature et de l'environnement. En résumé, Canada ressemble à ce fleuve qui fait couler la vie tranquillement. Je ne connais pas de meilleur endroit pour vivre en paix avec soi.

IS : Qu'est-ce qui vous a motivé de réussir ? Qu'est-ce qui vous motive de continuer ?

KL : Ma grande motivation est dans le mot « Liberté ». Elle n'a pas de prix. La vie sans liberté ne vaut pas la peine d'être vécue. J'ai de tout temps cherché à être libre, je me suis dit qu'il faut absolument m'approprier ce sentiment. Pour ce faire, je devais me donner les moyens d'être libre, de respirer comme je le veux, d'aller où bon me semble sans me soucier ni des moyens financiers, ni du regard des autres.

Je savais que la solution était dans les études et les diplômes universitaires. Le nouvel arrivant que j'étais devait se hisser au moins dans la classe moyenne de ce pays. Je suis devenu bibliothécaire.

IS : Avez-vous fait des rencontres qui vous ont aidé, des personnes qui vous ont inspiré dans votre parcours ?

KL : À mon arrivée ici, comme je le disais plus haut, j'ai été reçu par un ami qui venait de s'acheter sa maison dans la Rive Sud de Montréal. En entrant chez lui, j'ai vu accroché sur son mur son diplôme du BAC discerné par l'UdeM. Je l'ai fixé et je me suis dit : il m'en faut un ! Depuis, l'idée ne m'a jamais quitté. Mon ami m'y a encouragé et, deux ans plus tard, je me suis inscrit à l'Université de Montréal.

Réussir son intégration

Je ne pense pas qu'il existe une recette faite pour drainer du succès à toute épreuve. Chaque cas est unique. Il existe cependant des conditions gagnantes qu'il faut réunir autour de soi. L'ouverture d'esprit, l'abnégation, la résilience en sont quelques-unes. Rien ne vient sans effort. Avant de se montrer généreuse avec nous, la vie exige d'abord que l'on fasse notre part.

Une phrase qui vous suit ?

« Ce qui ne vous tue pas vous rend plus fort » disait Nietzsche. Recommencer ma vie au Canada, comme vous voyez, ne m'a pas tué, cela m'a rendu plutôt fort, plus fort que jamais. Rien ne m'effraie à présent.

Montréal, 06 février 2017

Points de réflexion !

Les objectifs
La formation
La réussite professionnelle

Informez-vous !

- Association pour l'avancement des sciences et des techniques de la documentation. <http://asted.org/emplois/> (consulté le 09 février 2017)
- Bibliothèque et Archives Nationales du Québec. <http://www.banq.qc.ca/accueil/> (consulté le 09 février 2017)
- Corporation des bibliothécaires professionnels du Québec. <https://cbpq.qc.ca/offres-emploi> (consulté le 09 février 2017)
- Gouvernement du Québec. Bibliothécaire. <http://www.carrieres.gouv.qc.ca/perspectives-de-carrieres/domaines-demplois/extension-details-emplois/detail/bibliothecaire/> 9consulté le 09 février 2017)
- McGill University. School of Information Studies. <http://www.mcgill.ca/sis/> (consulté le 09 février 2017)
- Université de Montréal. Maîtrise en sciences de l'information. <http://www.ebsi.umontreal.ca/accueil/ >
  - (consulté le 09 février 2017)

Samira Mazouni,

aide-bibliothécaire dans le Réseau des bibliothèques publiques de Montréal et

éducatrice en service de garde dans les écoles de la Commission scolaire de Montréal,

à Montréal depuis 2006

« Dans le fond, une bibliothèque, c'est une continuité de l'enseignement. »

« Je continue à travailler et à participer à l'éducation des enfants du Québec. »

Samira Mazouni, Canadienne d'origine algérienne, arrive à Montréal en 2006 et devient citoyenne canadienne en 2011.

Présentement, elle occupe un poste d'aide-bibliothécaire dans le Réseau des bibliothèques publiques de Montréal.

Le début à Montréal

On est arrivés en 2006 en toute connaissance de cause, on avait déjà choisi le Québec à cause de la langue française parce que l'Algérie est un pays francophone, alors, le français ne pose aucun problème pour nous et moi, ainsi que mon mari et mes enfants, nous parlons couramment le français, ce qui nous a encouragés à nous installer au Québec. Dès notre arrivée, nous avons tout aimé ici.

L'intégration du marché du travail

Je suis professeur de lycée, j'ai enseigné pendant 23 ans la littérature arabe et, quand je suis arrivée au Québec, j'avais pensé continuer dans le domaine de l'enseignement, alors, je devais aller à l'Université pour compléter ma formation. En allant à la bibliothèque, j'ai eu un coup de cœur et j'ai décidé de faire un virage de 180 degrés et de m'investir dans le domaine bibliothéconomique. À ce moment précis, j'ai su que je voulais vraiment travailler dans ce milieu-là, plus précisément à la Bibliothèque de la Maison culturelle. Alors, j'ai tout de suite commencé à m'informer sur le processus d'embauche.

Je suis allée à l'Hôtel de Ville où on m'a demandé de remplir des formulaires d'embauche, avec mon Curriculum Vitae et une lettre de motivation, qui montrait mon intérêt pour ce milieu.

Dans le fond, une bibliothèque, c'est une continuité de l'enseignement.

Une semaine après, j'ai obtenu un entretien avec monsieur Ferland, le chef de division, et avec madame Cantin. Ce fut très agréable, l'entretien s'est très bien passé. Une semaine plus tard, j'étais acceptée et j'allais commencer une formation de quatre jours. Je suis arrivée à Montréal en juillet 2006 et, en novembre, j'ai obtenu le poste.

Après un mois de travail, on m'a convoquée pour une évaluation sur toutes les tâches sur le terrain et on a complété l'évaluation, avec d'autres questions en lien avec les responsabilités reliées au poste. Depuis ce jour-là, je continue à aimer mon travail. Le 14 novembre 2016, je vais avoir 10 ans de service continu dans ce milieu que j'apprécie toujours.

La famille

Je suis venue avec ma famille, ma grande avait 21 ans, la deuxième 19 ans et mon fils avait 13 ans. Ils ont tous continué leurs études ici. Ma grande a fait un Bac en Biologie, ma deuxième a fait un Doctorat en Pharmacie et mon fils est entrepreneur.

Mon mari est chimiste, il a trouvé aussi son chemin, il a travaillé pour une entreprise d'encres et, à présent, il est consultant.

Recours aux ressources

Quand on est arrivés, nous avons participé à une semaine d'information pour les nouveaux arrivants, ce fut très intéressant, on nous a fourni beaucoup d'informations pour bien s'intégrer, des noms d'institutions avec leur site Internet, de l'information concernant les divers types de formation possibles, des adresses de centres communautaires.

Conseil pour un nouvel arrivant

Notre expérience, on l'a adorée. Venir au Québec c'est une deuxième vie, c'est une deuxième chance, on s'épanouit, on s'intègre bien. Le conseil que je donnerais, c'est de ne pas perdre de temps quand on arrive parce que, pour une bonne intégration, dans la plupart des cas, il faut faire une formation, aller aux études, que ce soit au niveau professionnel, collégial ou à l'Université, les études représentent une bonne porte d'entrée sur le marché du travail.

Qu'est-ce qui vous a attiré le plus avant de venir au Québec et qu'est-ce que vous appréciez le plus aujourd'hui ?

Ce qui nous a attirés le plus avant de venir ici, c'est aussi ce que nous apprécions encore aujourd'hui : la tolérance des Québécois, leur esprit ouvert, leur acceptation de l'autre et on a toujours su que le Québec est une terre d'accueil.

Qu'est-ce qui vous a motivé dans la réussite d'intégration ?

La motivation fait partie de la personnalité de l'individu, on est venus ici pour une meilleure vie, pour réussir, ça fait partie de la vie. On existe, on réussit. ☺

Personnes inspirantes

La personne qui m'a le plus inspirée dans ma vie, c'était mon père, qui était un grand homme, qui était un inspecteur de l'enseignement de la langue française et c'est lui qui nous a inculqué l'idée d'être soi-même, de se faire confiance, l'amour de l'autre, les valeurs et les principes.

Ingrédients d'une intégration réussie

La volonté, le travail, aller de l'avant et beaucoup de courage, d'audace, le désir de changer, de s'améliorer, d'évoluer, d'avancer. Pour bien s'intégrer, il faut avoir la volonté de changer et de s'investir. Ce pays a cru en nous, en nous ouvrant grandes ses portes et nous aussi, avec tous nos moyens, il faut que nous nous investissions dans le développement de ce beau pays. Personnellement, je m'investis beaucoup, en plus d'être aide-bibliothécaire, j'ai été éducatrice à la Commission scolaire de Montréal et je continue à travailler et à participer à l'éducation des enfants du Québec. Que ce soit à l'école ou à la bibliothèque. J'ai aussi l'intention de poursuivre d'autres cours à l'Université afin d'évoluer dans le domaine dans lequel je travaille.

Une citation préférée
Demain sera un autre jour — Scarlett O'Hara, dans « Autant en emporte le vent ». Je suis une optimiste née. J'aime la vie, j'aime les gens.

Montréal, 22 janvier 2016

Points de réflexion !
La tolérance
L'ouverture d'esprit
L'éducation des enfants

Informez-vous !

- Collège de Maisonneuve. Technique de la documentation. <http://www.cmaisonneuve.qc.ca/programme/documentation /> 9consulté le 09 février 2017)
- Réseau des bibliothèques publiques de Montréal. <https://bibliomontreal.com/> (consulté le 09 février 2017)
- Université de Laval. Formation à distance. <http://www.distance.ulaval.ca/etudes/programmes/certificat -en-archivistique> (consulté le 09 février 2017)
- Université de Montréal. Certificat en archivistique. <https://admission.umontreal.ca/programmes/certificat-en-archivistique/> 9consulté le 09 février 2017)
- Ville de Montréal. Carrières. <http://ville.montreal.qc.ca/portal/page?_pageid=7257,73609 618&_dad=portal&_schema=PORTAL> (consulté le 09 février 2017)

Abdelnasser Toubal,
courtier immobilier agréé chez Plexagone et
bénévole de carrière au Centre d'Action bénévole de Montréal-Nord, à Montréal depuis 2005

« Sème un acte, tu récolteras une habitude ;
sème une habitude, tu récolteras un caractère ;
sème un caractère, tu récolteras une destinée. »
Dalai Lama

« (…) la méconnaissance de l'autre qui pousse cette crainte de l'étranger. »

Je m'appelle Abdelnasser Toubal et je suis arrivé d'Algérie avec ma petite famille en laissant tout ce que j'avais de très cher c'est-à-dire ma famille, mes amis et mon pays.

S'installer à Montréal

Je suis arrivé le 22 juillet 2005 avec ma femme et mes deux enfants, ma fille avait un peu plus de cinq ans et mon fils sept ans ; je me suis installé à Montréal. C'était très difficile de trouver un logement, car les propriétaires préfèrent louer aux personnes seules ou aux couples sans enfants. Avec mon cousin, on a visité plus de 30 logements et contacté plus de 60 propriétaires ; juste deux ont voulu nous louer un 4 et ½.
Ayant remarqué que la société québécoise était différente de celles des pays européens que j'avais visités, j'ai commencé à

chercher un moyen de mieux la connaître. En participant à une session d'information, l'intervenante nous a expliqué qu'en Amérique du Nord il est important de faire du bénévolat ; j'ai levé ma main et je lui ai demandé plus d'information. C'est comme ça que mon aventure commença avec le CABMN (Centre d'Action Bénévole de Montréal Nord) dès la première semaine du mois de septembre 2005.

J'ai volé de mes propres ailes, si j'ose dire. Mon cousin nous a hébergés durant la première semaine et m'a donné un certain nombre de conseils. Après, je me suis débrouillé tout seul. Il faut dire que le bénévolat m'a beaucoup aidé.

Le Canada, le Québec, Montréal

Je voulais m'installer en Belgique, mais je me suis retrouvé dans l'avion vers Montréal comme quoi on ne peut pas savoir notre destinée à l'âge de douze ans. En 1972, mes premières correspondantes étaient des Montréalaises. Comme je m'intéressais beaucoup à la géographie, je connaissais beaucoup de belles choses concernant le Canada. Le Québec était mon choix parce que c'est une belle et grande province et surtout pour la langue française et, de plus, j'avais deux cousins qui y habitaient.

La maîtrise de la langue du pays d'accueil

Les quatre membres de ma famille maitrisaient la langue française ; par contre, j'ai suivi un cours d'anglais ; sur un niveau de 5 sur 5, je suis arrivé au niveau 3,3 sur 5.

J'ai fait deux formations dans le domaine de l'immobilier ; la première pour devenir courtier immobilier et la deuxième pour devenir courtier immobilier agréé.

L'insertion professionnelle

On trouve facilement des petits boulots, mais pour trouver un travail qui a rapport avec notre formation et nos compétences, c'est difficile. On vous trouve toujours des excuses comme quoi on n'a pas l'expérience québécoise, donc, j'ai travaillé comme représentant avec Bell Canada dans le domaine de la téléphonie (cellulaire), de la télévision et de l'internet, mais le contrat était de treize mois, non renouvelable ; par la suite, j'ai travaillé dans une école, je faisais de l'aide au devoir et au service de dîner, car j'étais en formation et j'avais des factures à payer.

Changer de carrière

Ce que j'ai fait, c'est un changement de carrière. J'ai fait des études dans le domaine de la maintenance industrielle, mais, en arrivant ici, je me suis orienté vers une carrière qui me permet de gérer mon temps comme je veux, car passer du temps avec mes enfants, c'était très important pour moi.
Participez-vous à des comités, rencontres professionnelles ?
Notre compagnie organise souvent des 5 à 7, mais je suis souvent invité par des comités, par des organismes et par des particuliers. Ça me permet d'élargir mon réseau.

La famille

Je suis content d'être venu en famille, la responsabilité est plus importante aussi, il faut travailler dur pour subvenir à leurs besoins, mais, de l'autre côté, on ne sent pas beaucoup la solitude, car, quand on quitte son pays lointain et on n'a pas de famille dans le pays d'accueil, on sent grandement l'isolement.

Les enfants, l'école, l'intégration

L'école n'était pas un problème, car elle ne se trouvait pas loin de chez moi. Mes enfants se sont adaptés rapidement, car, avant de venir au Canada, je les ai inscrits dans une école privée pour apprendre la langue française et, après trois ans, ils maîtrisaient le français, ce qui leur a facilité la communication et se faire des amis.

Faire appel aux ressources offertes par les organismes qui s'occupent de l'accueil et de l'intégration des immigrants

Quand on arrive comme immigrant, à l'aéroport, on m'a fixé un rendez-vous avec un agent de l'immigration ; ce dernier nous a expliqué comment faire la demande du numéro d'assurance sociale (NAS), la demande des allocations familiales, la carte maladie et nous a proposé de faire des formations au niveau des organismes qui s'occupent de l'orientation et de l'intégration ; j'en ai fait huit formations de différentes durées.

Un conseil pour les nouveaux arrivants

Pour moi, c'est simple. Je conseille toujours aux nouveaux arrivants, si vous voulez vous intégrer dans une société et apprendre vite leurs us et habitudes, il faut faire beaucoup de bénévolat, surtout les premiers temps, car, ce que j'avais remarqué à mon arrivée, c'est que chaque québécois avait sa bulle et la méconnaissance de l'autre qui pousse cette crainte de l'étranger.

Recommanderiez-vous à d'autres personnes de venir s'installer au Québec ou dans une autre province du Canada ?

Oui, j'ai déjà recommandé à des amis et à des proches de venir s'installer dans ce grand et beau pays. La plupart des gens choisissent le Québec à cause de la langue française, mais d'autres amis ont tenté de s'installer ailleurs, car ils maîtrisent l'anglais et il y a moins de contraintes pour trouver du travail.

Qu'est-ce qui vous a attiré le plus avant de venir ici et qu'est-ce que vous trouvez le plus précieux aujourd'hui dans votre nouveau pays ?

Je cherchais l'épanouissement de mes enfants et je ne l'ai pas trouvé dans mon pays natal, commençant par le système éducatif qui accusait beaucoup de retard et qui avait beaucoup de lacunes par rapport à nos pays voisins ; donc, je voulais aller en Europe, mais il y avait le début d'une crise et, pour avoir les papiers, c'est plus qu'un parcours du combattant qu'il faut faire. Quand je vois aujourd'hui le niveau scolaire de mes enfants, je me réjouis et je suis content d'avoir fait le bon choix en choisissant le Canada comme terre d'accueil.

La motivation

Dans la vie, il faut avoir un objectif à atteindre et des rêves à réaliser pour être motivé. Il faut d'abord avoir une volonté de fer et des nerfs d'acier, car rien n'est facile et, si on veut atteindre des sommets, il faut retrousser ses manches, car personne ne te fait des cadeaux. Le fait que j'ai quitté mon pays, ma famille et tout ce que j'aimais dans mon pays ne me permettaient plus de faire marche arrière et ça m'a motivé énormément.

Réussir son intégration

Je pense que j'ai choisi, dès le premier mois, le bénévolat, car c'est le meilleur moyen d'intégration. Depuis début septembre 2005 à ce jour, j'ai fait entre 7000 et 8000 heures réparties entre trois volets :

Bénévolat au niveau des organismes

Bénévolat dans le milieu scolaire

Bénévolat avec mes compatriotes et autres nouveaux arrivants

Une phrase qui vous suit ?

« Sème un acte, tu récolteras une habitude ; sème une habitude, tu récolteras un caractère ; sème un caractère, tu récolteras une destinée. » Dalai Lama

En 2015, monsieur Toubal reçoit le prix de Reconnaissance de la Fondation Club Avenir, pour sa contribution à la communauté et, en 2016, le trophée de Dévouement Exceptionnel (4-11 ans de participation bénévole) de la part de l'arrondissement de Montréal-Nord.

Pour rejoindre monsieur Toubal, **tnasser@plexagone.com**, (514)992-5802

Montréal, 26 février 2017

Points de réflexion !
Le changement de carrière
La crainte de l'étranger
La participation à la vie communautaire
L'intégration professionnelle

Informez-vous !

- Centre d'action bénévole de Montréal. <http://www.cabm.net/taxonomy/term/97> (consulté le 05 février 2017)
- Collège de Maisonneuve. Courtage immobilier résidentiel. <http://fc.cmaisonneuve.qc.ca/repertoire/immobilier/aec/courtage-immobilier-residentiel> 9consulté le 05 février 2017)
- Commission scolaire de la Pointe-de-l'Ile. <http://www.cspi.qc.ca/> (consulté le 05 février 2017)
- L'Organisme d'autoréglementation du courtage immobilier du Québec (OACIQ). <https://www.oaciq.com/fr/pages/a-propos-oaciq> (consulté le 05 février 2017)
- Université de Montréal. Certificat en gestion philanthropique. <http://fep.umontreal.ca/formations/certificats/gestion/gestion-philanthropique/> (consulté le 05 février 2017)

Mexique. Faits saillants
(données 2011)

Taille de la communauté :
25 045 personnes
Localisation :
83,9 % dans la région métropolitaine de recensement de Montréal
65,35 dans la région administrative de Montréal
À Montréal :
14,5 % Côte-des-Neiges–Notre-Dame-de-Grâce
13,2 % Villeray-Saint-Michel-Parc-Extension
9,3 % Rosemont–Petite-Patrie
Profil linguistique :
83,2 % connaissent le français
46,35 français et anglais
37 % uniquement le français
Profil socio-économique :
11 645 personnes — population active
55,8 % taux d'emploi (59,9 % ensemble du Québec)
15,6 % taux de chômage (7,2 % ensemble du Québec)
23 752 $ revenu moyen (36 352 $ ensemble du Québec)

Source :

Immigration, Diversité et Inclusion Québec. *Portrait statistique de la population d'origine ethnique mexicaine recensée au Québec en 2011*
http://www.quebecinterculturel.gouv.qc.ca/publications/fr/diversite-ethnoculturelle/com-mexicaine-2011.pdf (consultée le 24 janvier 2017)

Felicitas Villasenor, technicienne en laboratoire et fondatrice de la compagnie XCaret, à Montréal depuis 1988

Entre autres réalisations, sa compagnie de danse participe au festival *Week-ends du monde*, présenté par Loto-Québec, au Parc Jean-Drapeau.
<http://www.parcjeandrapeau.com/en/week-ends-du-monde-montreal/>

« Ici, on rencontre des gens de toutes les nationalités, de différentes cultures, c'est une richesse ! »

Lorsque j'ai parlé de mon projet à Felicitas, elle a accepté, sourire aux lèvres, de partager des morceaux de sa vie avec nous.

L'ouverture au changement pour une meilleure communication

Felicitas est née au Mexique. Arrivée à Montréal, en 1988, elle constate que son prénom n'est pas facile à prononcer par des personnes provenant de différentes cultures. Felicia, plus court et plus facile à retenir, devient désormais le nom sous lequel elle se présente. Mais son nom officiel est Felicitas Villasenor.

Québec, terre de choix pour élever ses enfants

Felicia avait 20 ans quand elle s'est mariée, au Mexique. Après le voyage de noces à Montréal, les jeunes mariés décident d'immigrer au Québec. Pourquoi cette décision ? Felicia a pensé au futur de ses enfants qu'elle projetait d'avoir. Aujourd'hui, elle avoue : « passer ses vacances et s'installer ici, ce sont deux choses complètement différentes. »

La langue — l'incontournable de la réussite

Une fois à Montréal, Felicia décide de suivre des cours de français auprès d'un organisme qui s'occupait de l'intégration des immigrants. Pourquoi ? « Il faut pratiquer la langue pour la maîtriser, apprendre les expressions locales pour comprendre les gens et pour se faire comprendre afin de mieux avancer, mieux s'intégrer. » nous répond-elle. Aujourd'hui, elle parle trois langues : français, anglais et espagnol.

Faire évaluer ses études et faire appel aux conseillers en carrière

Au Mexique, Felicia avait commencé des études en soins infirmiers. En faisant appel aux services d'un conseiller en carrière, on lui propose de suivre une formation en Technique de laboratoire au collège Rosemont. Depuis 2001, elle travaille à l'Hôpital Général Juif.

Le développement personnel et professionnel

À l'Hôpital Général Juif, Felicia a suivi tous les cours de perfectionnement professionnel. « Il faut être à jour avec les changements dans le domaine médical. »

La passion de réussir

Felicia a aussi une passion : la danse. Une passion qu'elle a transmise à ses enfants et, depuis plus de 5 ans, elle est directrice générale de la compagnie de danse familiale, Danse folklorique mexicaine XCaret.

(*http://www.folkloremexicainxcaret.com/#!biographie/cpr8*).

Une entrepreneuse qui n'a pas hésité à suivre son rêve. Elle affirme avoir investi beaucoup dans ce projet. « Cela demande du temps, de l'énergie, mais c'est gratifiant. »
Sa compagnie offre des cours pour tous les âges. Vous avez la chance de rencontrer Felicia, en vous inscrivant au cours de zumba de samedi.

Richesse interculturelle

De son expérience d'intégration, Felicia souligne l'importance des relations interculturelles : « Ici, on rencontre des gens de toutes les nationalités, de différentes cultures, c'est une richesse ! »

Montréal, 11 septembre 2015

Points de réflexion !
Le désir de réussir
La langue
La communication
Les ressources
Les études
Le travail
La passion
La richesse interculturelle
La réussite
La reconnaissance

Informez-vous !

- CHUM emplois. <http://www.chumontreal.qc.ca/carrieres/offres-d-emploi> (consulté le 05 février 2017)
- Collège Rosemont. Analyses biomédicales. <http://www.crosemont.qc.ca/formations-techniques/analyses-biomedicales> (consulté le 05 février 2017)
- École de danse contemporaine de Montréal. <http://www.edcmtl.com/en> (consulté le 05 février 2017)
- Héma Québec. <https://www.hema-quebec.qc.ca/carrieres/offres/index.fr.html> (consulté le 05 février 2017)
- Regroupement québécois de la danse. <http://www.quebecdanse.org/ressources/lieux-de-formation> (consulté le 05 février 2017)

Suggestions de lecture :

Aoun, Joseph. 2004. *Manager une équipe multiculturelle : faire de la diversité une clé de la performance.* Issy-les-Moulineaux : ESF

Arcand, Sébastien et Germain, Annick.2015. *Travailler et cohabiter. L'immigration au-delà de l'intégration.* Québec : Presses de l'Université de Laval.

Barette, Christian; Gaudet, Édithe et Lemay, Denise .1996. *Guide de communication interculturelle.* Saint-Laurent : Editions du Renouveau pédagogique.

Bertrand, Yves et Vallée, Bernard. 1995. *Communication et environnements organisationnels.* Sainte-Foy : Télé-Université.

Cormier, Solange. 2006. *La communication et la gestion.* Québec : Presses de l'Université du Québec.

Emongo, Lomomba et White, Bob. 2014. *L'interculturel au Québec: rencontres historiques et enjeux politiques.* Montréal : Les Presses de l'Université de Montréal

Emploi-Québec. *Guide pratique de la gestion de la diversité en emploi.*
<http://www.emploiquebec.gouv.qc.ca/uploads/tx_fceqpubform/06_emp_guidediversite.pdf> (consulté le 16 février 2017).

Gaudet, Édithe . 2011. *Relations interculturelle. Comprendre pour mieux agir.* 2e édition, Montréal : Groupe Modulo.

Gratton, Danielle. 2009. *L'interculturel pour tous : une initiation à la communication pour le troisième millénaire.* Anjou : Saint-Martin Éditeur.

Grosjean, Sylvie et Bonneville, Luc. 2011. *La communication organisationnelle. Approches, processus et enjeux.* Montréal : Chenelière Éducation

Laramée, Alain. 2009. *La communication dans les organisations.* Québec : Tété-Université Université du Québec à Montréal.

Legault, Gisèle et Lilyane, Rachédi. 2008. *L'intervention interculturelle.* 2ᵉ édition, Montréal : Gaëtan Morin Éditeur.

Meier, Olivier. 2013. *Management interculturel : stratégie, organisation, performance.* Paris : Dunod

Méllouki, M'hammed. 2004. *La rencontre. Essai sur la communication et l'éducation en milieu interculturel.* Québec : Les Presse de L'Université Laval.

Ministère de l'immigration, de la Diversité et de l'Inclusion. 2017. *Politique québécoise en matière d'immigration, de participation et d'inclusion.* <http://www.midi.gouv.qc.ca/publications/fr/dossiers/Politique_Imm igrationParticipationInclusion.pdf> (consulté le 01 mai 2017)

Ministère de l'immigration, de la Diversité et de l'Inclusion. 2017. *Stratégie d'action en matière d'immigration, de participation et d'inclusion.* <http://www.midi.gouv.qc.ca/publications/fr/dossiers/Strategie_Imm igrationParticipationInclusion.pdf> (consulté le 01 mai 2017)

Morin, Estelle M et al. 2015. *Psychologie et management.* Montréal : Chenelière Éducation.

Ouellette, Monique. 1991. *Former des adultes en milieu multiethnique.* Laval : Beauchemin

Sauvayre, Romy. 2013. *Les méthodes de l'entretien en sciences sociales*. Paris : Dunod.

Stoiciu, Gina et Brosseau, Odette. 1989. *La différence, comment l'écrire? Comment la vivre?*. Montréal : Humanitas.

Trompenaars, Fons et Hampden-Turner, Charles. 2008. *L'entreprise multiculturelle*. Paris : Maxima.

Qu'est-ce que l'intégration, au juste ?
À vous de répondre.

Au plaisir de collaborer avec vous,
iulia.sofian@yahoo.co.uk

Dépôt légal – Bibliothèque et Archives Canada, 2018
Dépôt légal – Bibliothèque et Archives nationales du Québec, 2018
ISBN-13: 978-1548870751   ISBN-10: 1548870757
www.kdp.amazon.com

www.ingramcontent.com/pod-product-compliance
Lightning Source LLC
Chambersburg PA
CBHW071354280526
45787CB00001B/326